Verbos españoles

Purificación Blanco Hernández

Verbos españoles

Diseño de cubierta: Luis Ojeda

1ª edición: mayo 2002
2ª edición: septiembre 2005

© Purificación Blanco Hernández
© **Editorial Arguval**
C/ Amelia de la Torre, 13
29196 MÁLAGA
I.S.B.N.: 84-95948-08-7
Depósito Legal: MA-896-2005
E-mail: editorial@arguval.com
http://www.arguval.com

La reproducción total o parcial de este libro, no autorizada por los propietarios del Copyright, viola derechos reservados. Cualquier utilización debe ser previamente solicitada por escrito.

Impreso en España - Printed in Spain

Imprime Imagraf

A mi padre, *in memoriam*.

ÍNDICE

1. El verbo 11
   1.1. Definición............................... 13
   1.2. Función.................................. 13
   1.3. Forma.................................... 13
   1.4. Empleo de los tiempos..................... 23
   1.5. Tipos de verbos 34
   1.6. Tipos de conjugación 37
      1.6.1. La conjugación regular.................. 37
      1.6.2. La conjugación irregular 39
         1.6.2.1. Localización de la irregularidad........ 39
         1.6.2.2. Extensión de las irregularidades........ 40
         1.6.2.3. Caracterización de las irregularidades ... 41
         1.6.2.4. Los verbos vocálicos 50
         1.6.2.5. Verbos irregulares aparentes........... 51
         1.6.2.6. Participios irregulares................ 53
         1.6.2.7. Verbos defectivos 54
2. Perífrasis verbales 57
3. Verbos con régimen preposicional 63
4. Modelos de conjugaciones..................... 83
5. Verbos españoles y sus modelos de conjugación .. 159
6. Bibliografía................................... 219

1. EL VERBO

INTRODUCTION

1. EL VERBO

1.1. Definición.

Es la parte de la oración o del discurso que expresa acciones, estados u otras propiedades del sujeto en un tiempo determinado. Sirve para indicar:

- un proceso: *Las plantas crecen.*
- una acción: *Rompió el vaso.*
- un estado: *Las hojas estaban secas.*
- un evento: *El domingo ganó mi equipo.*

1.2. Función.

Constituye el núcleo del predicado, ya que en torno a él se organizan los demás elementos oracionales. Podemos emitir enunciados con sentido completo compuestos únicamente por un verbo: *Venceremos. Llueve. Voy.*

1.3. Forma.

El verbo es la única parte de la oración que se conjuga, es decir, recibe cambios de forma acordes con el sujeto (quién realiza la acción) y el tiempo (cuándo se realiza). Los llamados **accidentes del verbo** aportan información sobre las circunstancias de persona, número, modo y tiempo que concurren en cada caso, lo que supone una gran complejidad formal.

Las formas verbales constan de:

- **raíz** (o lexema): Es el conjunto mínimo de fonemas que se obtiene al suprimir la vocal temática y las desinencias. Contiene el significado léxico del verbo: *habl-, com-, viv-.* La raíz puede ser simple (*cant-ar*), derivada (*favorec-er*), compuesta (*salpiment-ar*) o parasintética (*descuartiz-ar*).

- **vocal temática**: Es un morfema gramatical carente de significado que informa sobre la conjugación a la que pertenece el verbo: -a- (1ª conjugación), -e- (2ª conjugación), -i- (3ª conjugación). No está siempre presente porque se neutraliza, como en la primera persona del singular del presente de indicativo, o se transforma en un diptongo, como en la tercera persona del plural del pretérito indefinido de los verbos de la segunda y tercera conjugación. Sólo aparece sin alteración en el infinitivo: *hablar, comer, vivir*.

- **desinencias**: Son los morfemas flexivos que se añaden al lexema y a la vocal temática para indicar: tiempo (presente, pasado o futuro), modo (indicativo, subjuntivo o imperativo), aspecto (perfectivo o imperfectivo), número (singular o plural) y persona (primera, segunda o tercera). Con un mismo morfema se representa a la vez tiempo, modo y aspecto, o número y persona.

Ejemplo:

hablábamos:

habl-: raíz; aporta el contenido semántico de la palabra.

-a-: vocal temática; indica que el verbo *hablar* sigue el paradigma de la primera conjugación verbal del español.

-ba-: desinencia que indica tiempo (pretérito imperfecto), modo (indicativo) y aspecto (imperfectivo).

-mos: desinencia que indica persona (primera) y número (plural).

El verbo admite también formantes facultativos como los **prefijos** (todos de valor prepositivo): a-, ab-, co-, con-, contra-, de-, des-, em-, en-, entre-, i-, in-, inter-, per-, pre-, pro-, re-, sobre-, sub-, tras-, y **sufijos**: -ear, -ecer, -ejar, -guar, -ificar, -iar, -izar, -uar: *intercambiar, subestimar, oscurecer, economizar*.

PERSONA

En todas las formas de la flexión verbal del español encontramos la marca de persona, que hace referencia a los interlocutores que participan en el acto comunicativo. Esta es la razón por la que en castellano se suelen omitir los pronombres personales de sujeto, salvo en casos especiales en que se pone énfasis sobre la persona: *Hago el trabajo / Yo hago el trabajo* (mientras tú no haces nada).

Mediante este morfema verbal, se hace referencia al hablante, al oyente, al ausente o a grupos interpersonales:

La 1ª persona está relacionada con el yo del hablante.

La 2ª conecta con el tú del oyente.

La 3ª indica de quién o de quiénes se habla. Por ser genérica, se usa la 3ª persona cuando se desconoce el sujeto de la predicación verbal, cuando no interesa o es imposible precisarlo explícitamente: *Se rumorea. Llueve. Han llamado a la puerta.*

En este sentido, cabe mencionar algunos verbos y formas verbales, que sólo se utilizan en tercera persona de singular, como es el caso de los llamados verbos de la naturaleza o unipersonales (*Llovió. Truena*) o los bipersonales que, por razones de su propio significado, sólo se conjugan en las terceras personas del singular y plural (*sucede, ocurren*).

Por otra parte, cada verbo presenta tres formas privadas de desinencias verbales de persona y número: el infinitivo, el gerundio y el participio.

El imperativo, por razones atribuibles a su función apelativa, carece de la 1ª persona del singular.

Nota:
En el español de América, la oposición *vosotros/ustedes* se ha neutralizado: se usa *ustedes*, sin distinción entre tratamiento familiar y formal. En Centroamérica y algunos países de Sudamérica se usa *vos* (con formas verbales arcaicas o no), en lugar de *tú*.

NÚMERO

El morfema de número es una marca de concordancia impuesta por el sujeto oracional: singular si se refiere a una sola persona y plural, para hacer referencia a un grupo múltiple. Por tanto, existen tres personas gramaticales pertenecientes al número singular (yo, tú, él-ella) y tres al número plural (nosotros-nosotras, vosotros-vosotras y ellos-ellas).

La noción de número va fundida con la de persona. Así, en la terminación -*mos* están representados a la vez una persona y un número gramatical determinados (1ª persona y número plural).

MODO

El morfema verbal de modo indica la actitud del hablante ante la acción verbal que enuncia. Ésta puede contemplarse como un hecho cierto, real y objetivo o bien, como algo dudoso, hipotético, posible, necesario o deseado desde la perspectiva subjetiva del hablante. Aunque la gramática tradicional distingue cuatro modos verbales (indicativo, subjuntivo, condicional e imperativo), básicamente son el indicativo y el subjuntivo los que reflejan la doble actitud posible del hablante ante el enunciado: objetiva y subjetiva.

El modo indicativo es el de mayor amplitud de uso, ya que designa la realidad, todo lo que el hablante considera con existencia objetiva y segura. Se usa en oraciones independientes y en subordinadas y es el único modo en el que caben los enunciados oracionales interrogativos: *Dice que está cansado*.

El modo subjuntivo: La diferencia con el indicativo radica no sólo en su menor campo de aplicación, sino básicamente en la actitud del hablante ante los hechos que enuncia. Sirve para indicar que el que habla no atribuye realidad objetiva a la acción, que ésta sólo existe en su propia mente. Se suele usar para expresar deseos, posibilidades, irrealidades... Por su naturaleza, es un modo correspondiente a la subordinación. Los verbos cuyo significado denota acciones inseguras, no reales, ficticias, así como los de deseo, ruego y mandato, exigen el verbo en subjuntivo. La elección entre indicativo y subjuntivo también puede depender del carácter de los nexos subordinantes y en muchos casos, su presencia está condicionada por los valores que le comunica el hablante: *Aunque no te apetezca, te ruego que vengas en cuanto puedas.*

Por sus particulares características, el **imperativo** merece consideración aparte. Se utiliza exclusivamente con función apelativa (para mandar, rogar o exhortar) o en primera persona del plural, para expresar la decisión de hacer lo indicado por el verbo. A veces, manifiesta deseo: *¡Sé feliz!* Sus únicas formas específicas son las segundas personas del singular y el plural: *¡Ven aquí! ¡Poned atención!*; las otras personas se toman del presente de subjuntivo, tiempo con el que también se forman las frases negativas de mandato: *¡No vengas! ¡No lo pongáis!* Para expresar órdenes indirectas se utiliza asimismo el presente de subjuntivo: *¡Que lo pongan ellos!* Con frecuencia, en la lengua coloquial se emplea el infinitivo en lugar del imperativo plural (*Ponerlo aquí*), aunque este uso es incorrecto.

Dentro de la conjugación se incluyen tres formas llamadas **formas no personales** o **nominales**: el infinitivo, el participio y el gerundio (el infinitivo y el gerundio pueden ser también compuestos). Se caracterizan por determinados rasgos particulares: no pueden funcionar como núcleos de la oración y carecen de los morfemas verbales de número y persona propios de las otras formas verbales. En la oración pueden desempeñar las funciones de sustantivo, adjetivo o adverbio.

Infinitivo: Representa el significado puro del verbo, puesto que únicamente denomina la acción, fuera de toda perspectiva temporal. Se forma con la terminación -*r*, que se adhiere a la raíz a través de la vocal temática. Presenta dos formas: simple y compuesta (que indica anterioridad a un momento dado): *hablar, haber hablado.* Va siempre formando parte de una oración que lleva un verbo en forma personal y sus funciones coinciden con las del sustantivo (las unidades que a él se refieren adoptan los rasgos propios del masculino singular): *Fumar es nocivo para la salud. Queremos saber. Entró sin llamar. Se dedica a pintar.*

Algunos han llegado a convertirse en auténticos sustantivos, con oposición de número: *el placer-los placeres, el deber-los deberes.*

Los pronombres átonos se posponen al infinitivo, formando con él una sola unidad gráfica: *Sin imaginárselo.*

Gerundio: Muestra la acción durante su transcurso, indicando simultaneidad con el verbo principal. Presenta la terminación -*ndo* que, a través de la vocal temática, se une a la raíz. Posee dos formas: una simple y otra compuesta (para la expresión de la anterioridad): *hablando, habiendo hablado.* Funciona principalmente como adverbio (*Llegó silbando*), aunque en algunos casos también realiza funciones de adjetivo (*agua hirviendo*). Comunica a la acción verbal carácter durativo (*Está durmiendo*) o simultaneidad (*Bajando la escalera, se cayó*). No admite ningún determinante aunque puede llevar complementos verbales (*Leyendo el periódico. Corriendo por el parque*). Se utiliza en perífrasis verbales (*Sigue lloviendo*) y puede expresar valores modales, causales, condicionales y concesivos (*Habla gritando. Sabiendo que no podría hacerlo, renunció. Ganando lo suficiente para vivir, se da por satisfecho. Aun siendo caro, lo compraremos*). En títulos, puede funcionar como complemento de un sustantivo: *Niños jugando a la pelota.*

Participio: Muestra la acción tras su terminación. Presenta el sufijo *-do* que, a través de la vocal temática, se añade a la raíz: *hablado*. Algunos verbos considerados irregulares forman el participio con las terminaciones *-to, -cho* o *-so* (*roto, hecho, impreso*). Funciona como un adjetivo y, por tanto, admite gradación y es susceptible de tener variación de género y número, siempre que no intervenga en la formación de un tiempo compuesto, en cuyo caso es invariable (*Están preocupados-as / Se han preocupado*). Se emplea como adjetivo (*Comieron pollo asado. Estaban atemorizados*), en perífrasis (*Se lo tengo dicho*), en proposiciones subordinadas absolutas propias de la lengua escrita o afectada (*Muerto el perro, se acabó la rabia*) y como auxiliar de los tiempos compuestos y de la voz pasiva (*Habrá salido. Fueron desalojados*).

Algunos se han sustantivado: *el herido, los aludidos*. Aunque no es común a todos los verbos, también existen participios activos (*alarmante, permanente, obediente*) que, en la mayoría de los casos, se han fosilizado como adjetivos (*amante, conveniente*) o se han sustantivado (*estudiante, remitente*).

TIEMPO

Es la categoría gramatical que revela cuándo se realiza la acción verbal. No siempre indica una referencia precisa a un momento del tiempo objetivo, sino que también puede establecerse esta noción tomando como referencia al hablante. En este sentido, se toma como punto de partida el presente (el periodo más o menos amplio en que se halla el hablante), todo lo anterior es pasado (el periodo precedente que abarca todos nuestros recuerdos) y el futuro alude al periodo todavía no vivido. En ocasiones, es otra acción verbal la que mide la noción temporal y sobre esta base se establecen las nociones de simultaneidad, anterioridad y posterioridad.

De acuerdo con el tiempo externo, se han fijado tres categorías para las formas verbales que indican la situación de los hechos comunicados en la secuencia temporal: el presente, el pretérito y el futuro. Estas nociones temporales aparecen tanto en el indicativo como en el subjuntivo, aunque en este último se presentan de forma más confusa e imprecisa.

Desde el punto de vista de su estructura, los tiempos verbales pueden ser: simples (formados por una sola palabra) y compuestos (formados por dos o más palabras).

Los tiempos verbales del español son:

MODO INDICATIVO

presente
hablo, como, vivo.

pretérito perfecto (o pretérito perfecto compuesto o antepresente)
he hablado, he comido, he vivido.

pretérito imperfecto (o copretérito)
hablaba, comía, vivía.

pretérito indefinido (o pretérito perfecto simple o pretérito)
hablé, comí, viví.

futuro simple (o futuro imperfecto o futuro)
hablaré, comeré, viviré.

condicional simple (o potencial simple o pospretérito)
hablaría, comería, viviría.

pretérito pluscuamperfecto (o antecopretérito)
había hablado, había comido, había vivido.

pretérito anterior (o antepretérito)
hube hablado, hube comido, hube vivido.

futuro compuesto (o futuro perfecto o antefuturo)
habré hablado, habré comido, habré vivido.

condicional compuesto (o potencial compuesto o antepospretérito)
habría hablado, habría comido, habría vivido.

MODO SUBJUNTIVO

presente
hable, coma, viva.

pretérito perfecto (o antepresente)
haya hablado, haya comido, haya vivido.

pretérito imperfecto (o pretérito)
hablara o hablase, comiera o comiese, viviera o viviese.

pretérito pluscuamperfecto (o antepretérito)
hubiera o hubiese hablado, hubiera o hubiese comido, hubiera o hubiese vivido.

futuro simple (o futuro imperfecto o futuro)
hablare, comiere, viviere.

futuro compuesto (o futuro perfecto o antefuturo)
hubiere hablado, hubiere comido, hubiere vivido.

ASPECTO

Refleja el desarrollo interno de la acción expresada por el verbo: si ésta ha terminado (aspecto perfectivo) o no (aspecto imperfectivo), independientemente del tiempo en que ésta se sitúe. No denota si la acción es presente, pasada o futura respecto al momento del hablante, sino cómo enfoca éste la noción verbal.

En las desinencias verbales, este caracterizador aparece amalgamado con otros morfemas como el de tiempo y modo. Así, por ejemplo, *leía* indica aspecto imperfectivo, tiempo pasado y modo indicativo. En español, todos los tiempos simples, excepto el pretérito indefinido, indican el aspecto imperfectivo, y todos los tiempos compuestos y el pretérito indefinido, el aspecto perfectivo.

Las formas no personales del verbo también expresan aspecto: imperfectivo (infinitivo y gerundio simples) y perfectivo (infinitivo y gerundio compuestos y participio).

Asimismo, muchas perífrasis verbales indican aspecto: *Tenemos que trabajar* (imperfectivo). *Tiene escritas tres novelas* (perfectivo).

VOZ

La voz o diátesis es la categoría gramatical que indica el tipo de relación que se establece entre el verbo y el sujeto gramatical. En la voz activa, la acción del verbo la realiza el sujeto (es decir, es el agente de la acción) y en la voz pasiva el sujeto coincide con el objeto (es decir, recibe o sufre la acción). En sentido estricto, no existen en español morfemas específicos de voz –como ocurría en latín–, por lo que la expresión de los contenidos activo o pasivo no afecta a la estructura de la forma verbal, sino solamente a la construcción del enunciado:

• **Voz activa**: El sujeto gramatical, que concuerda con el verbo en persona y número, realiza la acción del verbo: *El Congreso aprobó las medidas*.

• **Voz pasiva**: Sólo admiten la voz pasiva aquellos verbos que pueden usarse como transitivos. Se distinguen tres tipos de construcciones pasivas:

-**Primeras de pasiva**: Están compuestas por un sujeto paciente, el tiempo correspondiente del verbo *ser*, el participio del verbo que se conjuga (que concuerda con el sujeto gramatical en género y número), la preposición *por* (o *de*) y el sujeto agente: *Las medidas fueron aprobadas por el Congreso*. No se utilizan tanto como en otros idiomas, ya que el castellano tiene una marcada preferencia por la construcción activa, la pasiva con *estar* o la pasiva refleja.

-Segundas de pasiva: En ellas no se menciona el sujeto agente por no ser objeto de interés: *Las reformas serán aprobadas*.

-Pasiva refleja: Se construye con el pronombre *se* seguido de un verbo en voz activa (conjugado en 3ª persona singular o plural) y el sujeto paciente (que concuerda en número con el verbo): *Se necesitan electricistas*. Se emplea cuando el agente de la acción es desconocido o no interesa hacer referencia a él y se diferencia de las oraciones impersonales con *se* por conservar su significado pasivo.

1.4. Empleo de los tiempos.

MODO INDICATIVO

TIEMPOS SIMPLES

Presente

Indica que los hechos ocurren en el momento en que se encuentra el hablante, es decir, en la misma fecha en que habla: *María está en el jardín* (ahora). Puede presentar matices temporales específicos, siendo uno de los tiempos de más amplio uso por el gran número de situaciones en que puede emplearse:

- **El presente puntual:** Se refiere a acciones momentáneas que se desarrollan en un punto concreto del presente: *La niña sale y cierra la puerta*.

- **El presente inmediato**: La zona temporal del hablante no es un punto concreto, sino un espacio de tiempo más o menos amplio donde se incluyen los hechos de inmediata realización: *Acabamos enseguida*.

- **El presente histórico:** Presenta como actuales hechos ocurridos cronológicamente en el pasado. Es un empleo retórico muy habitual en los escritos de carácter histórico y narrativo, así como en el relato coloquial. Su finalidad es acercar las acciones al presente a fin de revivirlas con mayor intensidad. Se suelen añadir referencias temporales concretas para aclarar que estamos refiriéndonos al pasado: *En 1939 termina la Guerra Civil. El otro día voy por la calle y me encuentro a tu primo.*

- **El presente con valor de futuro:** Es un recurso estilístico que consiste en contemplar los hechos venideros como más cercanos al presente del hablante: *El lunes próximo nos vamos de vacaciones*. Asimismo, se emplea para denotar acciones todavía no ocurridas, pero cuyo cumplimiento se espera con total convicción y seguridad: *Este año acaba en domingo*. También se usa para enunciar acción presente o futura en la prótasis de las oraciones condicionales: *Si mañana llueve, nos quedaremos en casa.*

- **El presente actual o durativo:** Indica una acción que se realiza antes, durante y después del momento en que se habla: *Luis trabaja en el aeropuerto.*

- **El presente habitual:** Denota acciones que se producen reiteradamente, tanto antes como después del momento actual: *Hago gimnasia todas las mañanas.*

- **El presente gnómico:** Se utiliza con valor intemporal para expresar verdades universales, no sujetas a un tiempo determinado (definiciones, refranes, aforismos, máximas, etc.): *Dos más dos son cuatro. El tiempo es oro.*

- **El presente con valor imperativo:** Expresa obligatoriedad y se utiliza para dar órdenes. Va acompañado de una entonación exclamativa: *¡Ahora mismo lo recoges todo!*

- **El presente de conato:** En el discurso oral se emplea para referirse a una acción situada en un tiempo pasado que estuvo a punto de suceder, pero que no sucedió. Suele ir precedido de las locuciones: por poco, casi, etc.: *Resbalé y casi me caigo.*

- **El presente en forma interrogativa:** Se emplea para solicitar aprobación: *¿Lo dejo aquí?*

Pretérito imperfecto

Hace referencia a hechos o acciones que se estaban realizando en el momento pasado del que se habla: *Llovía sin parar.* Estas acciones se contemplan en su desarrollo, sin tener en cuenta ni su principio ni su terminación; por tanto, no se puede emplear este tiempo cuando el verbo expresa una acción momentánea.

Cuando se señalan dos acciones pasadas que no transcurren paralelamente, se emplea el imperfecto para referirse a la que es interferida por la otra acción (en pretérito indefinido): *Cuando bajaba la escalera, se cayó.*

Se utiliza mucho en las narraciones y descripciones: *Tenía la frente llena de sudor y no podía detener el temblor de sus manos.* Por su carácter reiterativo, frecuentemente aparece referido a costumbres del pasado: *Antes, solíamos visitarla los domingos.* También puede utilizarse con otros valores:

- **El pretérito imperfecto de cortesía:** Se emplea en lugar del presente, con algunos verbos como 'querer', 'poder', 'venir', para denotar un mayor grado de amabilidad o deferencia en las peticiones o en las preguntas: *Queríamos pedirle un favor. ¿Podíais cerrar la puerta?*

- **El pretérito imperfecto con valor hipotético o condicional:** Propio del habla coloquial, sustituye al condicional simple en la apódosis de las oraciones condicionales: *Si pudiera, me iba con vosotros.*

- **El pretérito imperfecto de conato:** Expresa la disposición o intención de realizar una acción que finalmente no se llevó a cabo: *Ya nos íbamos cuando te vimos llegar.*

- **El pretérito imperfecto como futuro del pasado:** En enunciados de estilo indirecto, sustituye al condicional simple para expresar una acción futura con relación a un momento del pasado: *Nos preguntó si el examen era mañana.*

- **El pretérito imperfecto con valor de cierre:** En la lengua literaria se emplea como cierre de una narración: *Tras una larga enfermedad, moría en Ginebra en 1989.*

- **El pretérito imperfecto imaginativo:** Tiene valor de presente y se utiliza en el lenguaje infantil como elemento de fantasía en los juegos: *Yo era un príncipe y tú una princesa.*

- **El pretérito imperfecto de contrariedad:** No se refiere exclusivamente al pasado, sino a acciones que continúan en el momento presente: *Ahora que pensaba tomarse un descanso, tiene más trabajo que nunca.*

Pretérito indefinido

Es un tiempo absoluto que expresa una acción pasada y terminada en una unidad de tiempo que el hablante considera totalmente acabada. La consideración del final de la acción es lo que lo diferencia del pretérito imperfecto.

Por indicar hechos pasados y terminados, es la forma verbal más apropiada para las narraciones: *Llegué, vi, vencí.* En algunas regiones de España (Asturias, Galicia, Canarias y León) y en gran parte de Hispanoamérica se emplea en lugar del pretérito perfecto.

En frases exclamativas puede usarse en sustitución del pretérito perfecto para indicar acciones que tienen lugar en un tiempo inmediatamente anterior al momento presente: *¡Se acabó!*

Futuro simple

Sirve para referirse a acciones que se van a realizar en un tiempo venidero. Su uso es escaso en el lenguaje coloquial, donde se sustituye con frecuencia por formas del presente de indicativo y por la perífrasis verbal ir + a + infinitivo: *Elena llegará a las 5*. (*Llega a las 5. Va a llegar a las 5*). Entre sus valores específicos destacan:

- **El futuro de mandato:** En determinados enunciados (negativos o no) se usa el futuro con valor de imperativo: *No matarás*.

- **El futuro con valor intensificador:** En enunciados exclamativos y con entonación suspendida funciona a veces como un intensificador de una cualidad negativa: *¡Será imbécil...!*

- **El futuro de cortesía:** Se utiliza en sustitución del imperativo para suavizar la brusquedad de una petición: *¿Me llamarás?* (por *Llámame*).

- **El futuro de sorpresa:** En oraciones interrogativas o exclamativas denota asombro o inquietud ante un hecho: *¡Será posible que nunca me hagas caso!*

- **El futuro histórico:** Posee valor de pasado, y se emplea para hacer referencia a un hecho histórico anterior del que se va a informar: *Tras su llegada a Nueva York en 1928 escribirá su mejor obra*.

- **El futuro en expresiones voluntativas:** Para indicar una disposición muy decidida, con el refuerzo del adverbio 'ya': *Ya lo arreglaré yo*.

- **El futuro con valor concesivo:** Reemplaza al presente para manifestar desacuerdo con lo afirmado por otra persona. Estas construcciones equivalen a aunque + subjuntivo: (Es muy sencillo). *–Será muy sencillo, pero yo no lo entiendo*.

- **El futuro en preguntas retóricas:** En exclamaciones con forma de preguntas que no esperan una respuesta: *¿Lo estaré haciendo bien?*

- **El futuro de probabilidad:** Indica suposición, vacilación, conjetura o cálculo aproximado: *Costará unos 50 euros.*

Condicional simple

Es un tiempo con diversos usos y valores:

- **El condicional simple en las oraciones condicionales:** Indica una acción de realización hipotética o imposible en el presente o en el futuro: *Si tuviera dinero, lo compraría.*

- **El condicional simple con valor de futuro:** Remite a una acción de realización posterior a un pasado: *Nos prometió que lo haría al día siguiente.*

- **El condicional de cortesía:** Utilizado en lugar del presente, sirve para expresar de modo más educado un ruego, una invitación, etc.: *¿Te importaría bajar el volumen?* En este mismo sentido, es frecuente su empleo para dar consejos de una forma atenuada: *Deberíais dormir más.*

- **El condicional simple con valor de probabilidad:** Sustituye al pretérito indefinido o al imperfecto para indicar una opinión aproximada sobre un hecho pasado: *Le costaría muy caro.*

- **El condicional en preguntas retóricas:** Se emplea en lugar del pretérito indefinido o del imperfecto en preguntas que no esperan una respuesta: *¿Por qué se iría tan pronto?*

- **El condicional con valor concesivo:** Reemplaza al pretérito indefinido o al imperfecto para manifestar desacuerdo con lo afirmado por otro hablante: (Fue muy divertido). *–Sería muy divertido, pero a mí no me hizo ninguna gracia.*

Tiempos compuestos

Pretérito perfecto

Remite a hechos pasados ocurridos en una unidad de tiempo que todavía no ha terminado para el hablante o en un momento inmediatamente anterior al presente: *Esta semana he gastado un montón de dinero. Ya lo he terminado.*

La relación con el presente del hablante puede ser puramente psicológica: *Hace tres meses que me he divorciado.* Esta misma relación con el presente justifica el uso del pretérito perfecto en lugar del futuro: *En cinco minutos hemos acabado.*

Pretérito pluscuamperfecto

Señala una acción terminada, anterior a otra acción o referencia temporal del pasado: *Cuando se fueron, ya había dejado de llover. Ayer, a estas horas, ya habían llegado.*

Pretérito anterior

Indica una acción inmediatamente anterior a otra pasada. Se diferencia del pluscuamperfecto por la proximidad de ambas acciones. Se emplea casi de forma exclusiva con adverbios o locuciones adverbiales como: en cuanto, no bien, después que, cuando, luego que, tan pronto como, así que: *Apenas hubo anochecido, se acostó.* Se usa muy poco en la lengua escrita y prácticamente puede hablarse de su desaparición en la lengua hablada. Ha sido sustituido por el pretérito indefinido o por el pretérito pluscuamperfecto en casi todos los casos.

Futuro compuesto

Hace referencia a una acción venidera y acabada que es anterior a otra también futura: *Si llegamos más tarde de las 8, ya habrán cerrado.* También puede expresar otros valores:

- **El futuro compuesto de probabilidad:** Para indicar una conjetura con relación al pasado: *Supongo que habrá llegado tarde por el tráfico.*

- **El futuro compuesto de sorpresa:** Para manifestar asombro ante un hecho ocurrido en el pasado: *¿Habráse visto?*

- **El futuro compuesto con valor concesivo:** Se presenta en enunciados con este carácter, sustituyendo al pretérito perfecto: (Han ganado). *–Habrán ganado, pero no han jugado bien.*

- **El futuro compuesto en preguntas retóricas:** Reemplaza al pretérito perfecto en preguntas en que el hablante se interroga a sí mismo: *¿Qué habré hecho yo para merecer esto?*

Condicional compuesto

Presenta valores similares a los de la forma simple, pero referidos a otra acción pasada que se considera punto de partida:

- **Hipótesis de pasado:** Para referirse a acciones que podrían haber sucedido, pero que no llegaron a cumplirse: *Te habría llamado, pero no tenía tu número.*

- **En las oraciones condicionales**, aparece en la proposición principal: *Si lo hubiera sabido, no habría ido.*

- **Con valor de futuro con relación al pasado:** Indica una acción posterior a otra acción: *Nos prometió que antes de nuestra vuelta, ya lo habría terminado.*

- **Conjetura o probabilidad con respecto al pasado:** *Me imaginé que ya habrías vuelto.*

MODO SUBJUNTIVO

La noción de tiempo en el modo subjuntivo es menos precisa que en el indicativo, ya que generalmente depende del contexto o de la situación en que aparece.

En el subjuntivo hay menos tiempos (sólo seis frente a los diez del indicativo), y éstos han quedado reducidos a cuatro, ya que los dos futuros prácticamente han desaparecido de la lengua actual.

Presente

Puede referirse indistintamente a un momento actual o a un tiempo venidero: *Es necesario que lo termines* (ahora mismo o mañana).

Por su capacidad para expresar acción futura, con frecuencia se usa para construir oraciones dubitativas (*Tal vez no vuelvan nunca*) y desiderativas (*¡Ojalá te vaya bien!*)

Pretérito imperfecto

Asume distintos valores temporales, expresando una acción no acabada, ya sea en el momento actual: *Si pudiera, me iría ahora mismo*; en un tiempo pasado: *Nos dijeron que nos fuéramos*; en un tiempo venidero: *Me dijeron que volviera en otra ocasión*; o bien, puede referirse a un presente o a un futuro hipotéticos: *¡Ojalá estuvierais aquí ahora!*, *¡Ojalá volvieran mañana!*

Las formas en *-ra* y en *-se* se consideran equivalentes salvo en dos casos: cuando la forma *-ra* se usa con valor de pluscuamperfecto de indicativo o de pretérito indefinido (muy frecuente en el lenguaje periodístico): *El que fuera ministro de Hacienda...* y en los usos de cortesía con los verbos 'querer' y 'deber': *Quisiera pedirte un favor*, que sólo admiten la forma en *-ra* y nunca la forma en *-se*.

Pretérito perfecto

Denota una acción acabada en un tiempo pasado inmediato equivalente al perfecto de indicativo (*Espero que hayas comido bien*) o en una unidad de tiempo futura (con el mismo valor que en indicativo tiene el futuro perfecto): *Cuando hayas terminado, avísame.*

Pretérito pluscuamperfecto

Indica una acción perfecta y pasada, realizada en una unidad de tiempo ya concluida para el hablante: *Me extrañó que no hubieras llamado.* Además, puede expresar una acción hipotética referida a cualquier tiempo del pasado: *Habría sido conveniente que te hubieras disculpado.*

Futuro simple y futuro compuesto

Estos dos tiempos revelan eventualidad. Ambas formas se consideran arcaicas en el español actual y han sido desplazadas por otras, aunque se siguen empleando en refranes y en el lenguaje jurídico-administrativo: *Adonde fueres, haz lo que vieres.*

Hoy día los valores del futuro simple se expresan mediante el presente de indicativo (*Si alguien tuviere = si alguien tiene*), el presente de subjuntivo (*El que fuere = el que sea*) o el pretérito imperfecto de subjuntivo (*Si yo pudiere = si yo pudiera*) y los del futuro compuesto, por medio del pretérito pluscuamperfecto de subjuntivo (*Si lo hubiere sabido = si lo hubiera sabido*).

CORRESPONDENCIA DE TIEMPOS

Excepto en los casos en los que el subjuntivo aparece en oraciones independientes (de modalidad potencial o desiderativa), por lo general es el modo empleado en la subordinación. Los verbos, nexos subordinantes o estructuras gramaticales que exigen subjuntivo siempre o pueden exigirlo en algunos contextos, fijan únicamente la necesidad de dicho modo, pero no el tiempo, que viene determinado por el del verbo principal. Sus formas verbales sirven para resaltar los conceptos de anterioridad, simultaneidad o posterioridad con relación a la acción del verbo principal.

De acuerdo con esto, se puede establecer la siguiente correspondencia de tiempos:

Verbo principal (Indicativo)   **Verbo subordinado (Subjuntivo)**

Presente
Pretérito perfecto   Presente
Futuro simple   Pretérito perfecto
Futuro compuesto
Imperativo

Pretérito indefinido
Pretérito imperfecto   Pretérito imperfecto
Pretérito pluscuamperfecto   Pretérito pluscuamperfecto
Condicional simple
Condicional compuesto

1.5. Tipos de verbos.

A. Desde el punto de vista formal los verbos españoles se dividen en: regulares, irregulares y defectivos.

B. Desde el punto de vista morfosintáctico se clasifican en: auxiliares, plenos, copulativos, predicativos, transitivos, intransitivos y pronominales.

C. Desde el punto de vista léxico se agrupan en: perfectivos, imperfectivos, incoativos e iterativos.

Verbos regulares son aquellos en los que la raíz, la vocal temática y las desinencias no sufren alteraciones con respecto a las comunes a los verbos de su conjugación y siguen la pauta de los verbos modelo: *hablar, comer, vivir.*

Verbos irregulares son los que no se ajustan a los modelos de conjugación, ya que presentan alteraciones en la raíz, toman desinencias especiales o hacen ambas cosas a la vez: *quepo, anduve, hizo.* Las irregularidades de las formas verbales están motivadas por transformaciones fonéticas sufridas a lo largo de la historia de la lengua, que han dado soluciones múltiples, por lo que no resulta sencillo agruparlas ni reducirlas a reglas fijas.

Verbos defectivos no son verbos irregulares desde el punto de vista formal, sino que presentan una conjugación incompleta, es decir, no se conjugan en algún tiempo, modo o persona; unas veces, por su especial significado, y otras, por dificultades de pronunciación.

-Por razones semánticas o sintácticas: los verbos impersonales que, por su significación de fenómenos atmosféricos o de la naturaleza, sólo se utilizan en tercera persona de singular (*ha amanecido, llueve, nevó*); los que no se conjugan en determinados tiempos (*acostumbrar, soler*) y los que se predican de sujetos inanimados o abstractos, que sólo se usan en las terceras personas (*ocurrir, concernir, urgir*).

—Por motivos aparentemente fonológicos hay ciertos verbos de la 3ª conjugación que se utilizan únicamente en las formas cuya terminación empieza por /i/: *abolimos, agredió, transgredieron*.

Verbos auxiliares son los que han perdido o debilitado su significado propio, y se unen a una forma no personal de otro verbo de significado pleno para constituir los tiempos compuestos, las perífrasis verbales o la voz pasiva. Los verbos auxiliares son los que contienen, en estos casos, las desinencias verbales (*Hemos dicho. Volvió a nacer. Fueron trasladados*). Un mismo verbo puede funcionar como auxiliar (*Había llorado*) y como verbo pleno (*Había mucho tráfico*).

Verbos plenos son aquellos que poseen contenido semántico completo: *nadar, beber, dormir*.

Verbos copulativos (o atributivos) son los que, además de desempeñar la función de núcleo del predicado, sirven de nexo de unión entre el sujeto y el atributo, que puede ser un sintagma nominal (*Es su padre*), preposicional (*Son de Cádiz*) o adjetivo (*Está triste*). Los principales son: *ser, estar, parecer, permanecer, encontrarse, ponerse, quedarse* y muchos verbos intransitivos que se construyen con un sintagma adjetivo: *Andan preocupados. Duermen tranquilos. Llegamos muy cansados. Sigue enferma*.

Verbos predicativos son los que poseen significado pleno y desempeñan la función de núcleo sintáctico y semántico del predicado: *Ordenaron los libros. Durmió en nuestra casa*.

Verbos transitivos son aquellos cuya acción recae en otra persona o cosas distinta del sujeto y que necesitan, por tanto, un objeto (o complemento directo) para completar su significación: *Pedro hizo todo el trabajo*. Unos lo son por naturaleza (*decir, hacer*) y no pueden usarse de otra manera; otros, son verbos primariamente intransitivos que se emplean como transitivos (*Dormir la siesta. Pasear al perro*).

Verbos intransitivos son aquellos cuya acción, completa sin necesidad de un complemento directo, sólo alude al sujeto que la ejecuta. Son intransitivos por naturaleza la mayoría de los verbos de movimiento o de acción fisiológica: *ir, correr, dormir, respirar*. Muchos verbos transitivos pueden construirse como intransitivos, es decir, sin objeto directo: *Rafael escribe muy bien. Comimos a las tres.*

Verbos pronominales son los que se conjugan siempre con el pronombre átono correspondiente (*me, te, se, nos, os, se*), de igual persona que el sujeto del verbo: *lavarse, arrepentirse, atreverse, asombrarse*. Hay verbos que sólo funcionan con el pronombre (*quejarse, vanagloriarse*) y otros que presentan también la forma sin pronombre, aunque entre ambas se establecen algunas diferencias sintáctico-semánticas (*dormirse / dormir; acordar / acordarse*). En ocasiones, el pronombre simplemente aporta un pequeño matiz al significado (*comer / comerse*).

Verbos perfectivos (o desinentes) son los que designan una acción cuya realización es instantánea o es expresada como acabada: *morir, entrar, abrir, estallar*. Si se usan en un tiempo imperfectivo, adquieren significados especiales: *Saltaba* (repetición). *Ya sale* (acción a punto de terminar).

Verbos imperfectivos (o permanentes) son aquellos que denotan una acción en vías de realización y no necesitan alcanzar su culminación para que la acción o proceso tenga lugar o sea completa: *pasear, leer, amar, hablar*.

Verbos incoativos (o ingresivos) son los que designan la iniciación de una acción o el paso a cierto estado: *envejecer, palidecer, empezar, florecer*.

Verbos iterativos (o reiterativos) son aquellos que expresan acciones que, por su naturaleza, están compuestas por varios actos iguales y repetidos: *golpear, acariciar, patalear.*

1.6. Tipos de conjugación.

La conjugación es el conjunto de las formas que toma un verbo para expresar los accidentes de modo, tiempo, número y persona. La serie completa de las formas verbales con una raíz común, es decir, todas las formas de un verbo determinado, constituyen la flexión o conjugación de ese verbo. Dentro de ella se incluyen también tres formas privadas de desinencias verbales de número y persona: el infinitivo, el participio y el gerundio. Según la terminación del infinitivo, los verbos españoles se clasifican en tres grupos:

- la **primera conjugación** es la de los acabados en *-ar*.
- la **segunda conjugación**, la de los terminados en *-er*.
- la **tercera conjugación**, la de los acabados en *-ir*.

La terminación *-ar* es formativa: añadida a una palabra de otra clase o sustituyendo a la terminación propia de ella, sirve para formar nuevos verbos. A veces, se añade solamente *-ar*: *calibrar*; otras, se agregan las formas *-ear, -ejar ,-ificar, -izar, -uar, -azar*, etc.: *pasear, festejar, dulcificar, realizar, actuar, apelmazar*. También es formativa la terminación *-ecer*: *palidecer*. De la tercera conjugación hay muy pocos verbos formados de otras palabras: *colorir*.

1.6.1. La conjugación regular.

A continuación se incluye un cuadro descriptivo de la conjugación activa regular de las conjugaciones primera, segunda y tercera.

FORMAS NO PERSONALES

Infinitivo: -ar, -er, -ir
Gerundio: -ando, -iendo, -iendo
Participio: -ado, -ido, -ido

Infinitivo compuesto: haber + -ado, -ido, -ido
Gerundio compuesto: habiendo + -ado, -ido, -ido

INDICATIVO

Presente
-o, -as, -a, -amos, -áis, -an.
-o, -es, -e, -emos, -éis, -en
-o, -es, -e, -imos, -ís, -en

Pretérito imperfecto
-aba, -abas, -aba, -ábamos, -abais, -aban
-ía, -ías, -ía, -íamos, -íais, -ían
-ía, -ías, -ía, -íamos, -íais, -ían

Pretérito indefinido
-é, -aste, -ó, -amos, -asteis, -aron
-í, -iste, -ió, -imos, -isteis, -ieron
-í, -iste, -ió, -imos, -isteis, -ieron

Futuro simple
-**ar**-é, -ás, -á, -emos, -éis, -án
-**er**-é, -ás, -á, -emos, -éis, -án
-**ir**-é, -ás, -á, -emos, -éis, -án

Pretérito perfecto
he, has, ha, hemos, habéis, han +
-ado, -ido, -ido

Pretérito pluscuamperfecto
había, habías, había, habíamos, habíais, habían
+ -ado, -ido, -ido

Pretérito anterior
hube, hubiste, hubo, hubimos, hubisteis,
hubieron + -ado, -ido, -ido

Futuro compuesto
habré, habrás, habrá, habremos, habréis,
habrán + -ado, -ido, -ido

Condicional simple
-**ar**-ía, -ías, -ía, -íamos, -íais, -ían
-**er**-ía, -ías, -ía, -íamos, -íais, -ían
-**ir**-ía, -ías, -ía, -íamos, -íais, -ían

Condicional compuesto
habría, habrías, habría, habríamos,
habríais, habrían + -ado, -ido, -ido

SUBJUNTIVO

Presente
-e, -es, -e, -emos, -éis, -en
-a, -as, -a, -amos, -áis, -an
-a, -as, -a, -amos, -áis, -an

Pretérito imperfecto
-ara, -aras, -ara, -áramos, -arais, -aran o
-ase, -ases, -ase, -ásemos, -aseis, -asen
-iera, -ieras, -iera, -iéramos, -ierais, -ieran o
-iese, -ieses, -iese, -iésemos, -ieseis, -iesen
-iera, -ieras, -iera, -iéramos, -ierais, -ieran o
-iese, -ieses, -iese, -iésemos, -ieseis, -iesen

Futuro simple
-are, -ares, -are, -áremos, -areis, -aren
-iere, -ieres, -iere, -iéremos, -iereis, -ieren
-iere, -ieres, -iere, -iéremos, -iereis, -ieren

Pretérito perfecto
haya, hayas, haya, hayamos, hayáis, hayan +
-ado, -ido, -ido

Pretérito pluscuamperfecto
hubiera, hubieras, hubiera, hubiéramos,
hubierais, hubieran + -ado, -ido, -ido o
hubiese, hubieses, hubiese, hubiésemos,
hubieseis, hubiesen + -ado, -ido, -ido

Futuro compuesto
hubiere, hubieres, hubiere, hubiéremos,
hubiereis, hubieren + -ado, -ido, -ido

IMPERATIVO

-a, -e, -emos, -ad, -en
-e, -a, -amos, -ed, -an
-e, -a, -amos, -id, -an

1.6.2. La conjugación irregular.

Se considera que determinados verbos son de conjugación irregular cuando en ciertas formas de su flexión muestran alguna variación fónica en su raíz o en sus desinencias respecto a los verbos modelos propuestos en las conjugaciones. No se consideran irregularidades las modificaciones gráficas que no comportan cambio fónico (*vence, venzo; regar, regué*) ni las alteraciones debidas a procesos fonológicos regulares en español (*leyó, riñeron*).

Un verbo puede ser regular en algún o algunos tiempos e irregular en otro u otros. La irregularidad puede darse sólo en algunas personas (singular/plural) de la conjugación y en otras no, y también puede ocurrir que en un tiempo determinado, sea irregular en todas las personas. Hay ciertos tipos de irregularidad uniforme que afectan a grupos enteros de verbos y otras, son peculiares de un verbo determinado.

1.6.2.1. Localización de la irregularidad.

1. En la raíz: Puede estar ocasionada por:
- diptongación de la vocal tónica: *cierro, siente, cuentan, juegas.*
- por cambio de consonante: *hago, supo.*
- por cierre del timbre vocálico: *pide, quepo, murió.*
- por supresión de algún elemento: *d*(ec)*irá, ten*(e).
- por supresión de una vocal y adición de una consonante: *sal*(i)*dremos.*
- por adición de una consonante: *conozco, pongo.*
- por adición de vocal y consonante: *estuvo, anduvieron.*
- por presentar varias raíces: ir (i-, fu-, v-: *iba, fui, vamos*); ser (s-, e-, fu-: *soy, era, fui*).

2. En las desinencias: Hay irregularidades de varios tipos:

- En los llamados pretéritos fuertes: Son pretéritos indefinidos que en sus formas de primera y tercera persona de singular presentan una vocal final átona (siempre -e, -o), a diferencia del indefinido regular, cuya vocal final es tónica (-í, -ió): *conduje, vino*.

- Hay verbos que en la desinencia de primera persona singular del presente de indicativo añaden una -y (la semivocal /j/): *soy, estoy, voy, doy*. El verbo *haber*, en la 3ª persona singular del presente, usado como impersonal, presenta esta misma adición: *hay*.

- Algunos verbos forman el participio con las desinencias *-to, -cho* o *-so* en lugar de hacerlo con la regular *-do*: *roto, hecho, impreso*.

1.6.2.2. Extensión de las irregularidades.

Generalmente, los verbos irregulares no lo son en todos sus tiempos, sino que las irregularidades se extienden a determinadas formas flexivas que sufren la misma alteración. Así, se distingue entre irregularidades del tema de presente, del tema de pretérito y del tema de futuro.

Tema de presente: Las irregularidades que afectan a un verbo en el presente de indicativo se dan, también, en el presente de subjuntivo y en el imperativo: *sientes, sientas, siente* (tú). Puede tratarse de irregularidad vocálica, que depende del acento y afecta a las formas de la raíz tónica del tema de presente (-ue-, -ie-, -i-) o consonántica, que afecta a la 1ª persona del singular del presente de indicativo y a todas las del presente de subjuntivo.

Tema de pretérito: Las irregularidades que presenta un verbo en el pretérito indefinido aparecen también en el pretérito imperfecto y futuro simple de subjuntivo: *estuve, estuviera o estuviese, estuviere*. Las más frecuentes son el debilitamiento vocálico (e>i, o>u) que afecta a las terceras personas del pretérito indefinido y a todas las formas del imperfecto y del futuro de subjuntivo, además del gerundio; y la irregularidad del pretérito fuerte, que afecta a todas las formas del pretérito indefinido, del imperfecto y del futuro de subjuntivo.

Tema de futuro: Las irregularidades de un verbo en el futuro simple de indicativo aparecen igualmente en las formas del condicional simple. Es conveniente señalar que si un verbo tiene una irregularidad que afecta al tema de futuro, también presentará alguna irregularidad en otras formas flexivas: *pondré, pondría*.

1.6.2.3. Caracterización de las irregularidades.

Tradicionalmente, las irregularidades se clasifican distinguiendo entre:

A. Irregularidades vocálicas.
B. Irregularidades consonánticas.
C. Irregularidades mixtas (vocálicas y consonánticas).
D. Irregularidades especiales.

A. Irregularidades vocálicas.

• **Cierre de vocal:** La forma irregular presenta una vocal más cerrada, pero del mismo timbre, que la vocal de la raíz del verbo: pedir: *pid-o*; dormir: *durm-ió*. Se dan los casos siguientes:

e>i: Afecta a todas las formas en que la sílaba que sigue a la raíz no contiene -i- (todo el singular y la 3ª persona de plural del presente de indicativo, todas las personas del presente de subjuntivo, la 2ª singular del imperativo, las terceras personas del pretérito indefinido, todas las formas derivadas del mismo y el gerundio. Esta irregularidad se presenta sólo en verbos de la tercera conjugación. (Ver 46. PEDIR).

Los verbos terminados en -*eír* (*desleír; engreírse; freír, refreír, sofreír; reír y sonreír*), se acomodan a este mismo paradigma. Por otra parte, se añade en ellos otra irregularidad vocálica consistente en la supresión de la -i- de las desinencias que contienen esta vocal: *rió, sonriendo*. (Ver 48. REÍR).

Dentro de este grupo, también debemos incluir el verbo *decir* y sus compuestos, a los que se extienden otras clases de irregularidad. (Ver 24. DECIR).

o>u: Esta variación se extiende todos los verbos terminados en -*orir* y -*ormir* (*morir, entremorir, premorir; dormir, adormir*). Se emplea -u- en las terceras personas del pretérito indefinido, en todas las formas derivadas del mismo, en el gerundio y en la primera y segunda persona del plural del presente de subjuntivo. A la vez, estos verbos presentan diptongación o>ue en todo el singular y la 3ª persona de plural del presente de indicativo, en el resto de las personas del presente de subjuntivo y la 2ª singular del imperativo. (Ver 27. DORMIR).

Hoy día ya no se da alternancia /o/ ~ /u/ en el verbo *pudrir*, salvo en usos dialectales. La /o/ primitiva sólo se mantiene en el participio (*podrido*); en el resto se ha extendido la /u/ a todas las formas (*pudrió*). (Ver 54. PUDRIR).

e>i: Afecta exclusivamente a verbos de la tercera conjugación. Se emplea -i- en las terceras personas del pretérito indefinido, en todas las formas derivadas del mismo, en el gerundio y en la primera y segunda persona del plural del presente de subjuntivo. Además, aparece el diptongo -ie- en todo el singular y la 3ª persona de plural del presente de indicativo, en el resto de las personas del presente de subjuntivo y la 2ª singular del imperativo. (Ver 65. SENTIR)

- **Diptongación:** Las vocales tónicas -e-, -i- se convierten en -ie-; y -o-, -u- pasan a -ue-. Las cuatro irregularidades vocálicas consistentes en la creación de un diptongo afectan únicamente a las nueve formas fuertes del verbo, es decir, a las formas con acento de intensidad en la raíz (todo el singular y la 3ª persona de plural de los dos presentes –de indicativo y subjuntivo– y el singular del imperativo). Aparecen en verbos pertenecientes a las tres conjugaciones. (Ver 7. ADQUIRIR, 19. CERRAR, 22. CONTAR, 36. JUGAR, 40. MOVER, 44. OLER, 48. PERDER).

- **Supresión de vocales**: En algunos casos, se elimina la vocal final de la terminación, como ocurre en el imperativo singular de los verbos *hacer, poner, tener, salir* y *venir*, donde desaparece la /e/ característica: *haz, pon, ten, sal, ven*.

En el futuro de indicativo y el condicional, la /e/ o la /i/ inicial de las terminaciones se elimina en algunos verbos: *sabré, sabrías; habrá, habría; querré, querría*. En ciertos verbos, cuando la última consonante radical es /n/ o /l/, al entrar estas en contacto con la /r/ de la terminación, se introduce entre ellas una /d/: *pondré, pondría; tendré, tendría*.

RELACIÓN DE VERBOS CON IRREGULARIDAD VOCÁLICA

e>i

Los verbos terminados en:

- *-ebir*: concebir
- *-edir*: medir, desmedirse, comedir, descomedirse, remedir, pedir, despedir, impedir, expedir, reexpedir
- *-egir*: elegir, reelegir, colegir, recolegir, regir, corregir
- *-eguir*: seguir, conseguir, perseguir, proseguir, reseguir, subseguir
- *-emir*: gemir
- *-enchir*: henchir, rehenchir
- *-endir*: rendir
- *-eñir*: ceñir, desceñir, constreñir (o costreñir), estreñir, heñir, reñir, teñir, desteñir, reteñir
- *-estir*: vestir, desvestir, investir, revestir, sobrevestir, travestir, embestir
- *-etir*: derretir, competir, repetir

servir, deservir
desleír
engreírse
freír, refreír, sofreír
reír, sonreír

e>ie

1ª conjugación
acertar, desacertar
adestrar
alebrarse
alentar, desalentar
apacentar
apernar, despernar, entrepernar
apretar, desapretar, reapretar
arrendar, desarrendar, subarrendar
aterrar, desterrar, enterrar, desenterrar, soterrar
atravesar
calentar, recalentar
cegar
cerrar, encerrar, desencerrar
cimentar
comenzar
concertar, desconcertar
confesar

dentar, endentar, desdentar
derrengar
deslendrar
desmembrar
despertar
despezar
emparentar
empedrar, desempedrar
empezar
encomendar, recomendar
enhestar
enmendar, remendar
enlenzar
ensangrentar
errar
estregar, restregar
fregar, refregar, transfregar (o trasfregar)
gobernar, desgobernar
helar, deshelar

44

herbar, desherbar
herrar, desherrar, reherrar
incensar
infernar
invernar, desinvernar
manifestar
melar, amelar, desmelar, enmelar
mentar
merendar
negar, abnegar, denegar, desnegar, renegar, derrenegar
nevar, desnevar
pensar, repensar
plegar, desplegar, replegar
quebrar, aliquebrar, perniquebrar, requebrar, resquebrar
recentar
regar, sorregar
regimentar
retentar
reventar
salpimentar
sarmentar
segar, resegar
sembrar, resembrar, sobresembrar
sentar, asentar, desasentar
serrar, aserrar
sosegar, desasosegar

tentar, atentar, desatentar, destentar
trasegar
tropezar
ventar, aventar, desventar, reaventar
-*emblar*: temblar, retemblar

2ª conjugación
Los verbos terminados en:
-*erder*: perder
-*erner*: cerner
-*erter*: verter, reverter, sobreverterse, trasverter
ascender, descender, transcender (o trascender), condescender
defender
encender
heder
hender
tender, atender, contender, distender, entender, extender, subtender, coextenderse, desatender, desentenderse, sobreentender (o sobrentender), subentender
querer, tener y sus compuestos

3ª conjugación
cernir, discernir, concernir
hendir
venir y sus compuestos

e>ie>i
Los verbos terminados en:
-*entir*: arrepentirse, mentir, desmentir, sentir, asentir, consentir, disentir, presentir, resentir, desconsentir
-*erir*: adherir, conferir, deferir, diferir, inferir, preferir, proferir, referir, transferir (y trasferir), digerir, ingerir, sugerir, herir, malherir, reherir, zaherir, injerir, requerir
-*ertir*: advertir, controvertir, convertir, divertir, invertir, pervertir, revertir, subvertir, desadvertir
erguir
hervir, rehervir

o>ue

1ª conjugación

Los verbos terminados en:
-*olgar*: colgar, descolgar, holgar
abuñolar
acordar, concordar, desacordar, discordar
acornar, descornar, mancornar
acostar, recostar
almorzar
amoblar
amolar
apostar
asolar
avergonzar, desvergonzarse
azolar
clocar, aclocar, enclocar
colar, escolar, recolar, trascolar
consolar, desconsolar, desolar
contar, descontar, recontar
costar
degollar
denostar
derrocar
descollar
descordar, encordar, desencordar
desollar
desosar
encontrar
encovar
engorar
engrosar, desengrosar
forzar, esforzar, reforzar
mostrar, demostrar
poblar, despoblar, repoblar
probar, aprobar, comprobar, desaprobar, improbar, reprobar
recordar
regoldar
renovar
resollar
rodar
rogar
solar, sobresolar
soldar, desoldar
soltar
sonar, asonar, consonar, disonar, malsonar, resonar
soñar, ensoñar, trasoñar
tostar, retostar
trascordarse
trocar, destrocar, trastrocar
tronar, atronar, retronar
volar, revolar, trasvolar
volcar, revolcar

2ª conjugación

Los verbos acabados en:
-*oler*: oler, doler, condoler, moler, demoler, soler
-*olver*: absolver, disolver, resolver, volver, devolver, envolver, revolver, desenvolver
-*orcer*: torcer, retorcer
-*order*: morder, remorder
-*over*: llover, mover, conmover, promover, remover
cocer, escocer, recocer
poder

o>ue>u

morir, entremorir, premorir
dormir, adormir

u>ue

jugar

B. Irregularidades consonánticas.

Pueden ser de varios tipos:

- **Sustitución de una consonante por otra.** Los casos más frecuentes son:

    -cambio de -c- a -g-: hacer: *hago, hagas*. Afecta a la 1ª persona del singular del presente de indicativo y a todas las personas del presente de subjuntivo: *hago, hagas*. (Ver 33. HACER).

    -cambio de -b- a -y-: haber: *haya*. Afecta a todas las personas del presente de subjuntivo. (Ver 32. HABER).

(Para otros casos de irregularidades consonánticas, se recomienda consultar el epígrafe D en página 49).

- **Inserción de una consonante:**

    -incremento de la velar sorda /k/ tras /z/ o /s/: Son numerosos los verbos que se incluyen en este grupo: los que en infinitivo terminan en *–ecer* (salvo los regulares *mecer* y *remecer*), *nacer* y *pacer* (con sus derivados), *conocer* (y derivados), los terminados en *-ducir* y el verbo *placer* (y derivados). Afecta a la 1ª persona del singular del presente de indicativo y a todas las personas del presente de subjuntivo. (Ver 20. CONDUCIR, 21. CONOCER, 42. NACER, 45. PARECER y 39. LUCIR).

    -adición de /g/ en verbos con raíz acabada en /z/, /s/, /n/, /l/: Aparece en los verbos *salir* y *valer* (y sus derivados); en *tener, poner* y *venir* (y sus derivados); en el verbo *asir* (y su derivado *desasir*); en *yacer* (donde se dan formas concurrentes: *yazco-yago, yazcas-yagas*). Afecta a la 1ª persona del singular del presente de indicativo y a todas las personas del presente de subjuntivo. (Ver conjugaciones correspondientes).

    -adición de una consonante a la última vocal de la raíz del infinitivo (u/uy). Se da en todas las personas del singular y en la 3ª persona del plural del presente de indicativo, en la 3ª persona del singular y del plural del indefinido; y en todas las personas del presente, del imperfecto y del futuro simple de subjuntivo. Esta irregularidad aparece en todos los verbos cuyo infinitivo termina en *-uir*. (Ver 34. HUIR). Similar a la anterior es la variación o/oy, que se extiende a todos los verbos con infinitivo terminado en *-oir* (*oír* y sus compuestos). Sin embargo, los verbos de este grupo presentan también irregularidad mixta o/oig, de manera que la variante *oy* solo aparece en las formas fuertes del presente de indicativo, excluida la 1ª persona de singular, y en el imperativo singular; y la variante *oig* en la 1ª persona del presente de indicativo y en todo el subjuntivo. (Ver 43. OÍR).

C. Irregularidades mixtas.

Se producen por la sustitución simultánea de una vocal y una consonante por otra vocal y otra consonante (decir: *digo*; saber: *sepa*), o por la adición del grupo -ig- a la última vocal de la raíz (oír: *oigo*; traer: *traiga*).

-Variación /ec/>/ig/: Se emplea /ig/ en lugar de /ec/ en la 1ª persona de singular del presente de indicativo y en todo el presente de subjuntivo. Se extiende esta irregularidad al verbo *decir* y a sus compuestos. (Ver 24. DECIR).

-Variación /ab/>/ep/. Se da en la 1ª persona de singular del presente de indicativo y en todo el presente de subjuntivo. Esta irregularidad afecta al verbo *caber* y al presente de subjuntivo de *saber*. (Ver conjugaciones correspondientes).

-Variación /a/>/aig/. Se presenta esta alteración en la 1ª persona de singular del presente de indicativo y en todo el presente de subjuntivo. Afecta a los verbos *caer* (y sus compuestos) y *traer* (y sus compuestos). Los verbos *raer* y *roer* presentan esta misma irregularidad además de las respectivas variaciones a/ay y o/oy. (Ver conjugaciones correspondientes).

D. Irregularidades especiales.

• **Perfectos fuertes:** En el español actual sólo se conserva un reducido número de perfectos fuertes latinos, que se mantienen en el pretérito indefinido, en el imperfecto de subjuntivo y en el futuro de este modo. Estas formas se caracterizan tanto por su particular acentuación (en la raíz de la 1ª y 3ª persona del singular del pretérito de indicativo se mantiene el acento, mientras que en los paradigmas regulares éste recae en la terminación: *-í, -ió*), así como por sus transformaciones vocálicas y consonánticas. Hay verbos que han alterado la vocal (*hiciera, vino, hubo, pudiere*), otros que han modificado la consonante final de la raíz (*condujo)*, han recibido un nuevo elemento consonántico (*traje*), han cambiado la vocal y la consonante (*dijo, quisiera, supieron, puso, tuviéramos*) o han incrementado la raíz (*anduve, estuvo*).

Asimismo, debemos incluir en este apartado tres verbos con formas monosílabas, que en su origen tuvieron pretéritos fuertes: ver: *vi, vio*; dar: *di, dio*; ir y ser: *fui, fue*.

El verbo *responder*, además de su pretérito indefinido regular (*respondí*), conserva su perfecto fuerte originario (*repuse*), que hoy día coincide con el perfecto fuerte del verbo *reponer*.

• **Contracciones:** Algunos verbos como *ver* (y sus compuestos) presentan reducción silábica en infinitivo, gerundio, presente de indicativo (exceptuada la 1ª persona de singular) e imperativo: *ver - viendo - ves - ve*, frente a *veo*. Los verbos *saber* y *haber* presentan una forma contracta en la 1ª persona del singular del presente de indicativo: *sé, he*.

- **El verbo *dar*** presenta la peculiaridad de que, siendo de la 1ª conjugación, su raíz *d-* adopta las terminaciones propias de la 2ª y 3ª conjugación en las formas del pretérito indefinido y afines: *dieron, diera, diereis*.

- **El verbo *estar*** posee la rara curiosidad acentual de que la raíz es átona en todas sus formas: *estás, estén*.

1.6.2.4. Los verbos vocálicos.

Son aquellos cuya raíz acaba en un segmento vocálico. De los doce tipos de verbos vocálicos que existen en español, son irregulares los terminados en *-aer*, *-eír*, *-oír* y *-uir* y son defectivos los que acaban en *-aír*. Los terminados en *-iar* y *-uar* presentan problemas de delimitación silábica entre las dos vocales: puede ocurrir que /i/ y /u/ sean semivocales, en cuyo caso, forman diptongo con la vocal siguiente y son regulares en cuanto a la acentuación (*cambio, averiguo*) o bien, que sean vocales y formen hiato recibiendo en ese caso el acento en la raíz (*envío, actúo*). Este doble esquema acentual origina vacilaciones en ciertos verbos (*auxilio* o *auxilío*, aunque predomina la primera forma).

- **Verbos terminados en -iar:** Se dividen en dos grupos:

  -los que combinan la /i/ final de la raíz con la vocal siguiente formando un diptongo y desplazan el acento a la vocal de la sílaba precedente. Es el grupo más extenso: *estudiar, acariciar, renunciar, beneficiar, odiar, contagiar, copiar,* etc. (Ver 17. CAMBIAR).

  -los que acentúan la /i/ de la raíz, y por tanto, el grupo vocálico aparece fragmentado en dos sílabas. Esta acentuación se da en las tres personas del singular y en la 3ª de plural de los presentes de indicativo y subjuntivo, y en el singular del imperativo. Pertenecen a este grupo verbos tales como *variar, esquiar, confiar, guiar, enfriar*, etc. (Ver 28. ENVIAR).

Un reducido número de verbos terminados en -iar vacilan en su acentuación, aunque el uso tiende a preferir una de las dos: *afiliar, paliar, reconciliar, ansiar, repatriar*. (Ver 12. AUXILIAR).

• **Verbos acabados en -uar:** Se dividen también en dos grupos (*-úo* y *-uo*), pero a diferencia de los verbos terminados en -iar, su pertenencia a uno u otro grupo viene determinada por la consonante que precede a la /u/: los verbos acabados en **-cuar** y **-guar** se construyen siempre con diptongo (*adecuo, averiguo*). En los otros casos, forman hiato y llevan tilde en las tres personas del singular y en la 3ª de plural de los presentes de indicativo y subjuntivo, y en el singular del imperativo (*actúo, atenúa, gradúen*). (Ver 5. ACTUAR y 13. AVERIGUAR).

En raras ocasiones, un mismo verbo presenta vacilaciones en su acentuación: *licuar, promiscuar*. (Ver 38. LICUAR).

1.6.2.5. Verbos irregulares aparentes.

A. Verbos con modificaciones gráficas.

Hay una serie de verbos que presentan en alguna de las formas de su conjugación alteraciones gráficas que no responden a irregularidades verbales, sino al cumplimiento de las normas ortográficas del español, es decir, son cambios de letras impuestos por la ortografía, que no repercuten en la forma fónica: *sigo-sigue, dirigimos-dirijamos, saca-saque*. Estas modificaciones ortográficas se dan en:

Verbos de la 1ª conjugación terminados en:

-car: La C se convierte en QU en las terminaciones iniciadas con /e/: tocar: *toqué, toquemos*.

-**gar**: La G pasa a GU en las terminaciones que empiezan por /e/: pagar: *pagué, paguemos*.

-**guar**: Se emplea Ü en las terminaciones que comienzan con /e/: averiguar: *averigüé, averigüemos*.

-**zar**: La Z pasa a C en las terminaciones con /e/: empezar: *empecé, empecemos*.

Verbos de la 2ª y 3ª conjugación acabados en:

-**cer**, -**cir**: La C pasa a Z cuando la terminación comienza con /o/ o /a/: cocer: *cuezo, cuezas*; esparcir: *esparzo, esparzas*.

-**ger**, -**gir**: La G cambia a J cuando las terminaciones empiezan por /o/ o /a/: coger: *cojo, cojas*; elegir: *elijo, elijas*.

-**guir**: Cuando las terminaciones empiezan por /o/ o /a/, la U desaparece: seguir: *sigo, sigas*.

-**quir**: Con terminaciones en /o/ o /a/, el sonido velar se grafía como C: delinquir: *delinco, delincas*.

B. Modificaciones impuestas por la combinación fonológica.

Algunas aparentes anomalías obedecen a principios generales del sistema fonológico español y no constituyen, por tanto, irregularidad verbal. Son variaciones flexivas originadas por la acción de distintos procesos fonológicos en determinadas condiciones que dan lugar al paso de un sonido a otro.

• **Consonantización:** En los verbos vocálicos *leer, proveer, creer* y los irregulares en *-uir*, así como en *caer, oír* y sus compuestos, la semivocal /j/ se consonantiza en /y/. En lugar de *caió, *caiendo, decimos y escribimos: *cayó, cayendo*.

También se genera la consonantización en [y] de la semivocal /j/ surgida por diptongación irregular, cuando ésta queda al inicio de una forma verbal (errar: *yerro*; erguir: *yergo*).

- **Absorción de la semivocal /j/:** Se produce cuando ésta queda en contacto con las consonantes palatales ll y ñ finales de raíz. Esto ocurre en el tema de pretérito de los verbos regulares *tañer, atañer*, en los acabados en *-añir, -iñir, -uñir, -ullir,* y en los irregulares terminados en *-eñir*. En lugar de **tañió,* **tiñieron,* **bulliera,* **mulló,* etc. se dice y se escribe: *tañó, tiñeron, bullera, mulló.*

La misma asimilación de la semivocal /j/ se produce cuando la vocal final de la raíz ha resultado /i/, como sucede en los verbos irregulares acabados en *-eír*: *desleír, engreírse, freír, reír* y sus derivados. En lugar de **rió,* **riieron,* decimos y escribimos: *rió, rieron.*

1.6.2.6. Participios irregulares.

Algunos participios adoptan las terminaciones *-to, -cho,* o *-so* en lugar de la regular *-do*. Se caracterizan por el hecho de llevar el acento de intensidad en la última sílaba de la raíz. Son heredados del latín y constituyen un grupo limitado si hablamos de verbos simples, aunque este número se amplía si tenemos en cuenta sus derivados:

abierto, de *abrir*, y en sus derivados: *entreabrir* y *reabrir*.
absuelto, de *absolver*. También en *disolver, resolver*.
cubierto, de *cubrir*, y en sus compuestos: *descubrir, recubrir, encubrir*.
dicho, de *decir*, y en sus derivados, excepto *bendecir* y *maldecir*.*
escrito, de *escribir*, y sus compuestos: *describir, prescribir, proscribir, inscribir, suscribir, transcribir,* etc.
frito, de *freír*, y en sus derivados: *sofreír, refreír.**
hecho, de *hacer*, y en sus compuestos: *deshacer, rehacer,* etc.
impreso, de *imprimir*.*

preso, de prender.*
muerto, de *morir*.
puesto, de *poner*, y en sus derivados: *anteponer, componer, contraponer, deponer, disponer, exponer, imponer, interponer, oponer, posponer, preponer, proponer, reponer, sobreponer, suponer, superponer, tra(n)sponer, yuxtaponer, descomponer, recomponer, indisponer, predisponer, presuponer*.
roto, de *romper*.
visto, de *ver*, y en sus derivados: *antever, entrever, prever, rever*.
vuelto, de *volver*, y en sus compuestos: *devolver, envolver, revolver, desenvolver*.

(*) En algunos casos, junto al participio fuerte heredado del latín, se encuentra el regular, en general de creación romance. Ambos pueden actuar en la formación de los tiempos compuestos; con valor adjetivo, sólo se usan las formas irregulares:

proveído y **provisto**: de *proveer*.
impreso e **imprimido**: de *imprimir*.
frito o **freído**: de *freír*.

En muchos casos de doble formación, el regular se especializa como participio verbal (interviniendo en la formación de los tiempos compuestos y en la voz pasiva) y el irregular reduce su función a la de adjetivo, como sucede con: *atendido* y *atento, convencido* y *convicto, despertado* y *despierto, elegido* y *electo, prendido* y *preso, soltado* y *suelto, torcido* y *tuerto*.

Bendito y *maldito* son adjetivos; por tanto, no se emplean en los tiempos compuestos de los verbos *bendecir* y *maldecir*, pero sí en las construcciones pasivas con *ser* y subjuntivo independiente: *Benditos seáis. Maldita sea.*

1.6.2.7. Verbos defectivos.

Se denomina así a los verbos cuyo uso se reduce a ciertas formas de la conjugación. La carencia de algún tiempo, modo o persona puede afectar tanto a verbos regulares como a irregulares y obedece a razones de diversa índole:

- **Por razones semánticas o sintácticas:**

    -Verbos que denotan fenómenos atmosféricos o de la naturaleza: Únicamente se emplean en 3ª persona singular, sin sujeto gramatical: *amanecer, llover, nevar*, etc. No obstante, pueden utilizarse en otras personas en usos figurados o literarios cuando se quiere señalar la simultaneidad con esos fenómenos: *Amanecimos muy cansados*.

    -Algunos verbos designan una noción que sólo puede predicarse de sujetos explícitos referentes a cosas y que, por tanto, excluyen su combinación con las personas primera y segunda: *atañer, concernir, acontecer, ocurrir*.

    -El verbo *soler* se emplea como auxiliar en perífrasis de infinitivo, con sentido durativo e imperfectivo, por lo que están excluidos los tiempos con carácter perfectivo.

- **Por motivos aparentemente fonológicos:**

    Hay ciertos verbos de la 3ª conjugación que se utilizan únicamente en las formas cuya terminación empieza por /i/: *abolimos, agredió, transgredieron*. Los principales son: *abolir, agredir, arrecir, aterir, colorir, compungir, desabrir, descolorir, fallir, manir, preterir, transgredir*.

    En algunos de estos verbos se ha producido la regularidad mediante un cambio de conjugación. Así, en lugar de *garantir*, se prefiere *garantizar*; en vez de *balbucir*, se emplea *balbucear*.

    De algunos verbos sólo se emplea el infinitivo (como *adir* y *usucapir*), y de otros solamente ha llegado a emplearse el participio (*aguerrido, despavorido, desvaído, empedernido*).

2. PERÍFRASIS VERBALES

2. PERÍFRASIS VERBALES

Son construcciones sintácticas constituidas por un verbo gramaticalizado que funciona como auxiliar y un verbo principal (en infinitivo, gerundio o participio) que contiene el significado: *Tenemos que trabajar*. Entre ambos verbos puede aparecer como enlace una preposición o una conjunción. El verbo auxiliar matiza el significado del principal o le añade el suyo propio, como sucede en las perífrasis formadas con los llamados verbos modales (*soler, deber, poder*). En ocasiones, también se pueden combinar dos perífrasis: *Habrá que ir terminando*. Además de la información sobre la actitud del hablante que aportan, sirven para expresar con mayor precisión determinados aspectos verbales: perfectivo (final o interrupción de una acción), durativo (acción en transcurso), incoativo (principio de la acción), iterativo (repetición), etc.

Atendiendo a la forma del verbo predicativo, se clasifican en tres grandes grupos:

Perífrasis de infinitivo

- **Acabar de + infinitivo**: Fin de un proceso o inmediatez de una acción pasada: *Ha acabado de escribir el libro. Acaban de llegar.*
- **Deber + infinitivo**: Obligación o necesidad: *Debo aceptarlo.*
- **Deber de + infinitivo**: Suposición o conjetura: *Deben de ser las 8.*
- **Dejar de + infinitivo**: Interrupción de un proceso: *Dejó de llorar.*
- **Echar(se) a + infinitivo:** Comienzo súbito de una acción: *Echó a correr.*

- **Estar para** + **infinitivo:** Inminencia de una acción: *Está para llover.*
- **Haber de** + **infinitivo**: Obligación o tiempo futuro: *Has de saberlo.*
- **Haber que** + **infinitivo**: Obligación impersonal: *Hay que pagar impuestos.*
- **Hartarse / Hincharse / Inflarse de** + **infinitivo**: Exageración: *Se hartó de comer. Se hinchó de llorar. Se infló de beber.*
- **Ir a** + **infinitivo**: Futuro inmediato o intención. Sólo presenta este valor en presente o pretérito imperfecto; en otros tiempos el verbo *ir* mantiene su significado de movimiento: *Van a casarse.*
- **Liarse a** + **infinitivo**: Posee carácter incoativo: *Se lió a dar golpes.*
- **Llegar a** + **infinitivo**: Culminación de un proceso: *Llegó a ser ministro.*
- **Llevar sin** + **infinitivo**: Duración: *Lleva dos días sin comer.*
- **Pasar a** + **infinitivo**: Indica acción a punto de empezar: *Con mucho gusto paso a contestar a su pregunta.*
- **Poder** + **infinitivo**: Posibilidad, capacitación o permiso: *Puede ser interesante. Tú puedes hacerlo. ¿Puedo entrar?*
- **Ponerse a** + **infinitivo:** Acción próxima a realizarse o principio de un proceso: *Se puso a pintar.*
- **Quedar en** + **infinitivo**: Acuerdo para realizar una acción: *Quedamos en vernos al día siguiente.*
- **Romper a** + **infinitivo**: Comienzo brusco: *Rompió a llorar.*
- **Soler** + **infinitivo**: Indica que la acción se repite con frecuencia: *Suelen terminar tarde.*

- **Tener que + infinitivo**: Obligación y necesidad: *Tenéis que ser más prudentes.*
- **Venir a + infinitivo**: Posee valor aproximativo: *Viene a ser lo mismo.*
- **Volver a + infinitivo**: Repetición o reiteración de un hecho: *No vuelvas a hacerlo.*

Perífrasis de gerundio

- **Acabar / Terminar + gerundio**: Final de una acción: *Acabaron aceptando nuestras condiciones.*
- **Andar + gerundio**: Duración y frecuencia: *Anda diciendo que va a jubilarse.*
- **Estar + gerundio**: Indica duración: *Está preparando la comida.*
- **Ir + gerundio**: Acentúa el carácter gradual de una acción: *Va progresando.*
- **Llevar + gerundio**: Indica el periodo de tiempo durante el que se desarrolla una acción. Sólo se utiliza en presente y en pretérito imperfecto: *Llevan mucho tiempo haciéndolo.*
- **Quedarse + gerundio**: Indica duración: *Me quedé esperándote hasta las 3.*
- **Seguir / Continuar + gerundio**: Expresa la continuidad de la acción: *Sigo trabajando en la misma empresa.*
- **Venir + gerundio**: Indica que la acción se repite de modo continuado en los últimos tiempos: *Viene durmiendo poco.*

Perífrasis de participio

- **Andar + participio**: Persistencia de un estado: *Andan preocupados por el tema.*

- **Dar por + participio**: Normalmente equivale a 'considerar': *Se da por concluida la sesión.*
- **Llevar + participio**: Tiene carácter acumulativo: *Lleva escritas seis obras de teatro.*
- **Tener + participio:** Acción repetida en el pasado: *Os tengo dicho que cerréis bien la puerta.*

3. VERBOS CON RÉGIMEN PREPOSICIONAL

3. VERBOS CON RÉGIMEN PREPOSICIONAL

Son verbos que requieren una preposición determinada al unirse con un infinitivo, un sustantivo o un pronombre. No hacemos referencia explícita a los usos generalizados de la preposición *a*, obligatoria para introducir el objeto directo de persona o el objeto indirecto, si bien en algunos casos figura entre paréntesis para facilitar la comprensión de la construcción sintáctica.

Los más frecuentes son:

abandonar (a alguien) **por** algo	acomplejar(se) **por** un defecto
abandonarse **a** la suerte	acordarse **de** algo / alguien, **de** hacer algo
abarrotar **de** gente	
abastecer **de** víveres	acostumbrar(se) **a** hacer algo
abochornarse **de** un acto	acribillar **a** preguntas
abominar **de**l criminal	acudir **a** un lugar, **a** algo / alguien
abonarse **a** la ópera	acusar **de** un delito, **de** haber hecho algo
abrirse **a** los demás	
abstenerse **de** beber	adaptar(se) **a** las normas
abstraerse **de** los ruidos	adelantarse **a** hacer algo
aburrirse **de** hacer algo	adherirse **a** algo
abusar **de**l alcohol	admirarse **de** un hecho
acabar **con** algo, **de** / **por** hacer algo	adolecer **de** algo
	adueñarse **de** un objeto
acceder **a** una petición	advertir **de** un peligro
acercarse **a** un lugar	afanarse **en** / **por** algo
aclimatarse **a** algo / un lugar	aferrarse **a** una idea
acogerse **a** un derecho	afianzarse **en** algo
acomodarse **a** las circunstancias	aficionarse **a** un deporte

afiliarse **a** un partido
afirmarse **en** una convicción
agregar (una cosa) **a** otra
aguantarse **con** algo
ahondar **en** un tema
ahuyentar **de** un lugar
aislar(se) **de** algo / alguien
ajustar (una cosa) **a** otra
alardear **de** intelectual
alegrarse **con** / **de** / **por** algo
alejar(se) **de** un lugar
alertar **de** un peligro
alistarse **en** el ejército
aliviarse **de** un padecimiento
alternar (una cosa) **con** otra
aludir **a** un problema
amenazar **con** algo, **con** hacer algo
anclarse **en** el pasado
animar(se) **a** hacer algo
anteponer (una cosa) **a** otra
anticiparse **a** alguien / algo
añadir (una cosa) **a** otra
apasionarse **con** / **por** alguien / algo
apearse **de** un vehículo
apechugar **con** algo
apegarse **a** alguien / algo
apenarse **por** / **con** algo
apiadarse **de** una persona

aplicarse **a** / **en** algo
apoderarse **de** alguien / algo
apostar **por** un caballo
apoyarse **en** alguien / algo
aprender **a** hacer algo
aprestarse **a** hacer algo
apresurarse **a** hacer algo
apropiarse **de** una cosa
aprovecharse **de** alguien / algo
aprovisionar **de** alimentos
aproximarse **a** un lugar
apurarse **por** algo
armarse **de** valor
arreglarse **con** poco
arremeter **contra** alguien / algo
arrepentirse **de** algo, **de** haber hecho algo
arriesgarse **a** hacer algo
arrimarse **a** alguien / algo
asegurarse **de** algo, **de** hacer algo
asemejarse (una persona / una cosa) **a** otra
asentir **a** una orden
asimilarse (una cosa) **a** otra
asirse **a** alguien / un lugar
asistir **a** un acto
asociar (una cosa) **con** otra
asociarse **con** alguien
asomarse **a** la ventana

asombrarse **de** un hecho
aspirar **a** algo, **a** hacer algo
asustarse **de** un ruido
ataviar **con** un traje
atemorizarse **de** algo
atender **a** una explicación
atenerse **a** un esquema
atentar **contra** alguien / algo
atestar **de** gente
atiborrarse **de** golosinas
atinar **a** hacer algo
atragantarse **con** una espina
atreverse **con** algo, **a** hacer algo
atrincherarse **en** una idea
aumentar **de** tamaño
ausentarse **de** un lugar
autorizar **a** hacer algo
avenirse **a** razones
aventajar **a** alguien **en** algo
aventurarse **a** hacer algo
avergonzarse **de** algo / alguien, **de** haber hecho algo
avisar **de** un hecho
ayudar **a** hacer algo
basar(se) **en** una teoría
bastar **con** algo
beneficiarse **de** algo
brindar **por** algo / alguien

brindarse **a** hacer algo
burlarse **de** una persona
caber **a** una cantidad
cachondearse **de** alguien
calificar **de** absurdo
cambiar (una cosa) **por** otra
cansarse **de** hacer algo
capacitar **para** hacer algo
caracterizarse **por** una cualidad
carecer **de** recursos
cartearse **con** alguien
casarse **con** alguien
cebarse **en** alguien
ceder **a** un deseo
centrarse **en** una tarea
ceñirse **a** un plan
cerciorarse **de** algo
cesar **de** hacer algo, **en** un cargo
cifrar **en** una cantidad, **en** hacer algo
codearse **con** personas
coexistir **con** alguien / algo
coincidir **con** alguien / algo, **en** hacer algo
colaborar **con** alguien **en** algo
colegir **de** unas palabras
colindar **con** un lugar
colmar **de** regalos
combatir **por** un ideal

comenzar **a** hacer algo
compadecerse **de** alguien **por** algo
compaginar (una cosa) **con** otra
comparar (una cosa / a una persona) **con** otra
compartir (algo) **con** alguien
compenetrarse **con** alguien
compensar (una cosa) **con** otra
complacerse **en** hacer algo
componerse **de** partes
comprometerse **con** alguien **a** hacer algo
concentrarse **en** una tarea
concienciar **de** un asunto
condenar **a** un castigo **por** un delito
condicionar (una cosa) **a** otra
conectar (una cosa) **a** otra, **con** alguien
confiar **en** alguien / algo
conformarse **con** alguien / algo
confraternizar **con** otras personas
confundir (una cosa) **con** otra
congeniar **con** una persona
congratularse **de** un acontecimiento
conjugar (una cosa) **con** otra
conminar **a** hacer algo
conmoverse **con** una mala noticia
conmutar (una cosa) **por** otra

consagrarse **a** una tarea
consistir **en** hacer algo
consolarse **de** algo **con** alguien / algo
conspirar **contra** alguien
constar **de** varios elementos
constituirse **en** sociedad
contagiarse **de** una enfermedad
contar **con** los amigos **para** hacer algo
contentarse **con** una cosa, **con** hacer algo
contraponer (una cosa) **a** otra
contrastar (una cosa) **con** otra
contribuir **al** progreso **con** algo
convencerse **de** algo
convertirse **en** otra persona / cosa, **a** otra religión
convidar **a** cenar
convivir **con** otras personas
cooperar **con** alguien **en** algo
copiar (una cosa) **de** otra
coquetear **con** una persona
corresponder **a** una atención **con** un regalo
corresponderse (una cosa) **con** otra
cotejar (una cosa) **con** otra
creer **en** alguien / algo
cruzarse **con** alguien / algo

cuidarse **de** alguien / algo
culpar **de** una mala acción
cumplir **con** un deber, **con** alguien
curar **de** una enfermedad
dar (algo) **por** terminado, **con** alguien / algo
darse **a** la bebida, **por** aludido
deambular **por** un lugar
debatirse **entre** la vida y la muerte
deber **de** hacer algo
deberse **a** una causa
decantarse **por** alguien / algo
decepcionar **por** algo
decidir **entre** varios
decidirse **a** hacer algo, **por** alguien / algo
dedicarse **a** una tarea
deducir (una cosa) **de** otra
defenderse **de** un enemigo
degenerar **en** otra cosa peor
dejar **de** hacer algo
delegar (algo) **en** alguien
deleitarse **con** la música, **en** la lectura
demorarse **en** hacer algo
denunciar **a** alguien **por** un delito
depender **de** la familia / **de** las circunstancias
derivar **de** un origen

derrochar **en** caprichos
desafiar **a** hacer algo
desahogarse **con** una persona
desahuciar (a alguien) **de** un lugar
desalojar (a alguien) **de** un lugar
desaparecer **de** un lugar
desbancar (a alguien) **de** una posición
descansar **del** trabajo
descargar (algo) **en** alguien
descender **a** un lugar, **de** un origen
descomponer **en** partes
desconfiar **de** alguien / algo
descontar (una cosa) **de** otra
descubrirse **ante** alguien / algo
desdecirse **de** una afirmación
desembarazarse **de** alguien / algo
desembocar **en** un lugar
desengancharse **de** las drogas
desengañarse **de** alguien / algo
desentenderse **de** alguien / algo
desertar **del** ejército
desesperarse **de** hacer algo
desglosar **en** partes
deshacerse **de** / **por** alguien / algo
deshacerse **por** hacer algo
designar (a alguien) **para** hacer algo

desinteresarse **de** un asunto
desistir **de** un proyecto, **de** hacer algo
desligar (una cosa) **de** otra
desmarcarse **de** un asunto
desmerecer **del** resto
despedirse **de** alguien / algo
despojar(se) **de** las vestiduras
desposarse **con** otra persona
desprenderse **de** las posesiones
despreocuparse **de** un asunto
destacar **por** una cualidad, **en** una disciplina
desterrar **de** un lugar
destinar **a** obras benéficas
destituir **de** un cargo
desvelarse **por** alguien / algo
desviarse **del** camino
desvivirse **por** alguien / algo, **por** hacer algo
determinarse **a** hacer algo
detraer (una cosa) **de** otra
diferenciarse **de** alguien / algo **por** algo
diferir (una cosa) **de** otra
dignarse **a** hacer algo
dimitir **de** un cargo
discernir (una cosa) **de** otra
discrepar **de** una opinión

disculparse **por** haber hecho algo
disentir **de** alguien **en** un asunto
disfrazarse **de** pirata
disfrutar **de** buena salud, **con** alguien / algo
disgregarse **en** partes
disgustarse **por** algo
disociar (una cosa) **de** otra
disolver (una cosa) **en** otra
disparar **contra** alguien
dispensar **por** una falta, **de** hacer algo
disponer **de** dinero
disponerse **a** hacer algo
distanciarse **de** alguien / un lugar
distar **de** un lugar
distinguirse **por** una cualidad
distraerse **con** un juguete, **de** una tarea
distribuir **entre** personas
disuadir **de** hacer algo
divergir (una cosa) **de** otra
divertirse **en** hacer algo, **con** alguien / algo
dividir **entre** personas
divorciarse **del** cónyuge
doblegarse **ante** alguien / algo
dolerse **de** un padecimiento, **de** haber hecho algo

domiciliarse **en** un lugar
dotar **de** confort, **con** medios
dudar **de** alguien / algo, **entre** dos opciones
echar **de** un lugar
echar(se) **a** hacer algo
ejercer **de** abogado
ejercitarse **en** algo, **en** hacer algo
elegir **entre** varias opciones
eliminar (una cosa) **de** otra
emanciparse **de** la familia
embaucar **con** promesas
emborrachar(se) **de** champán
emerger **de** un lugar
emocionarse **ante** / **de** / **por** / **con** algo
emparentar **con** alguien
empatar **a** cero
empecinarse **en** hacer algo
empeñarse **en** hacer algo
empezar **a** hacer algo, **por** un tema
empujar **a** hacer algo
enamorarse **de** alguien
encajar (una cosa) **en** otra
encapricharse **de** alguien / algo
encargarse **de** algo, **de** hacer algo
encariñarse **con** alguien / algo
encarnarse **en** alguien / algo
encasillar **en** un personaje

encontrarse **con** alguien
enfadarse **con** alguien **por** algo
enfrascarse **en** una tarea
enfrentarse **a** alguien, **a** una situación, **con** alguien
enfurecerse **con** alguien **por** algo
enlazar (una cosa) **con** otra
enojarse **con** alguien **por** algo
enorgullecerse **de** alguien / algo
enriquecerse **con** un negocio
enrolarse **en** la Marina
ensañarse **con** una persona
enseñar **a** hacer algo
ensimismarse **en** un pensamiento
entender **de** toros
entenderse **con** otras personas
enterarse **de** una noticia
entregarse **a** una labor
entrelazar (una cosa) **con** otra
entremeterse **en** asuntos ajenos
entremezclar (una cosa) **con** otra
entretenerse **en** hacer algo, **con** algo
entrevistarse **con** alguien
entristecerse **de** / **por** / **con** algo
entrometerse **en** una discusión
entusiasmarse **con** alguien / algo
enviar **a** hacer algo
enviciar **en** una mala costumbre

enzarzarse **en** una pelea
equiparar (una cosa) **con** otra
equivaler **a** una cantidad
equivocarse **al** hacer algo, **en** algo
errar **en** una decisión, **por** las calles
escandalizarse **de** / **por** algo
escaparse **de** un lugar
escarmentar **de** un error
escindirse **en** partes
escoger **entre** varias opciones
esconderse **de** alguien **en** un lugar
escudarse **en** la autoridad
esforzarse **en** / **para** algo, **por** hacer algo
esfumarse **de** un lugar
esmerarse **en** el trabajo
especializarse **en** algo
especular **con** terrenos
establecerse **de** médico **en** un lugar
estar **al** llegar, **para** llover, **por** hacer algo
estrellar(se) **contra** un lugar
estremecerse **de** miedo
estribar **en** algo
estructurar **en** partes
evacuar **de** un lugar
evadirse **de** la prisión
excederse **en** algo

excluir **de** un grupo
exculpar **de** una falta
excusarse **de** / **por** haber hecho algo
exhortar **a** hacer algo
eximir **de** una obligación
exponerse **a** algo
expulsar **de** un lugar
extraer (una cosa) **de** otra
extralimitarse **en** sus funciones
extrañarse **de** un hecho
faltar (algo) **por** hacer, **al** trabajo **por** una gripe
fallar **en** la respuesta
fallecer **de** un ataque
familiarizarse **con** alguien / algo
fardar **de** una virtud
fascinar **con** una virtud
fatigarse **de** / **por** hacer algo
felicitarse **de** / **por** algo
fiarse **de** alguien / algo
fichar **por** un equipo
fijarse **en** alguien / algo
fluctuar **entre** dos alternativas
forrarse **de** dinero **con** un trabajo
forzar **a** hacer algo
fracasar **en** un empeño
fraccionar **en** partes
fugarse **de** la cárcel

fundamentar **en** un tema
fundarse **en** algo
fusionar (una cosa) **con** otra
galardonar **con** un premio
ganar **al** ajedrez
gastar **en** ropa
gozar **con** algo, **de** buena salud
graduarse **en** ciencias
gravar **con** impuestos
guardarse **de** alguien / algo
guarecerse **de** la lluvia **en** un lugar
guerrear **contra** otro país
guiarse **por** el instinto
gustar **de** bromas
haber **de** hacer algo
habituar(se) **al** calor
hacer **de** princesa, **por** hacer algo
hacerse **con** una cosa, **a** alguien / algo
hartarse **de** comer
hastiarse **de** todo
helarse **de** frío
hermanar (una cosa) **con** otra
hincharse **a** / **de** algo
homologar (una cosa) **con** otra
honrarse **de** alguien / algo, **de** haber hecho algo
huir **de** un lugar
humillarse **ante** alguien

hurgar **en** la herida
identificarse **con** alguien / algo
igualar (una cosa) **con** otra
ilusionarse **con** algo
impacientarse **con** / **por** algo
impresionarse **ante** / **con** / **por** algo
impulsar **a** hacer algo
incapacitar **para** algo, **para** hacer algo
incautarse **de** un alijo
incidir **en** algo
incitar **a** la rebelión
inclinarse **ante** alguien, **a** hacer algo, **por** algo
incomodarse **con** alguien **por** algo
incorporarse **a** un equipo
inculcar (algo) **en** alguien
inculpar **de** un crimen
incurrir **en** falta
independizarse **de** los padres
indignarse **con** alguien **por** algo
inducir **a** hacer algo
inferir (una cosa) **de** otra
inflarse **a** / **de** dulces
inhibirse **de** un problema
inmiscuirse **en** un asunto
inmunizar **contra** una enfermedad
inmutarse **ante** / **con** / **de** algo

inscribirse **en** una lista
insertar (una cosa) **en** otra
insistir **en / sobre** algo, **en** hacer algo
inspirarse **en** un modelo
instar **a** hacer algo
instigar **a** hacer algo
integrarse **en** un grupo
intercalar (una cosa) **en** otra
intercambiar (una cosa) **por** otra
interceder **por** alguien **ante** otra persona
interesarse **por** alguien / algo
interferir **en** un asunto
interpolar (una cosa) **entre** otras
intervenir **en** un reparto
intimar **con** alguien
intimidar **con** amenazas
intoxicarse **con** setas
introducirse **en** un lugar
invertir **en** acciones
invitar **a** cenar
involucrar **en** un asunto
irritarse **por** algo
irrumpir **en** un lugar
jactarse **de** los triunfos
jugar **al** tenis
jurar **por** Dios
juzgar **por** el aspecto

lamentarse **de / por** algo
languidecer **de** pena
lanzarse **a** un lugar
liarse **a** hacer algo
librarse **de** algo desagradable
licenciarse **en** Derecho
limitarse **a** hacer algo
lindar **con** otro edificio
luchar **por** un ideal, **para** hacer algo, **contra** alguien
llegar **a** hacer algo
llevar **a** hacer algo
llorar **de** rabia, **por** algo
malgastar **en** cosas inútiles
malmeter **a** alguien **contra** otra persona
manar **de** una fuente
manejarse **con / en** algo
manifestarse **contra** alguien / algo
mantenerse **en** una idea
maravillarse **ante / con / por** algo
marearse **de** hacer algo, **con** algo
matarse **por** hacer algo
mediar **ante** alguien, **entre** las partes
mejorar **en** matemáticas
mentalizar **a** alguien **para** hacer algo
merodear **por** los alrededores

meterse **a** hacer algo
mezclarse **con** la gente
militar **en** un partido
mirar **por** el bienestar
mofarse **de** alguien / algo
molestarse **en** hacer algo, **por** un motivo
montar **en** cólera, **a** caballo
morirse **de** frío, **por** hacer algo
motivar **para** hacer algo
mover **a** compasión, **a** hacer algo
mudarse **de** casa
multiplicar **por** cuatro
murmurar **de** alguien / algo
necesitar **para** hacer algo
negarse **a** algo, **a** hacer algo
negociar **con** madera
nivelar (una cosa) **con** otra
obcecarse **con** / **en** algo
obligar **a** hacer algo
obsesionarse **con** / **por** una idea
obstar (una cosa) **para** otra
obstinarse **en** hacer algo
ocultarse **de** los demás
ocuparse **en** una tarea, **de** hacer algo
ofenderse **con** / **de** / **por** algo
ofrecerse **a** hacer algo, **de** acompañante

oler **a** limón
olvidarse **de** alguien / algo, **de** hacer algo
operar(se) **de** la rodilla
oponerse **a** algo, **a** hacer algo
opositar **a** funcionario
optar **a** un premio, **por** alguien / algo
organizar(se) **para** hacer algo
orientar(se) **a** algo, **a** hacer algo, **en** un tema
oscilar **entre** dos extremos
padecer **de** una dolencia
palidecer **ante** / **con** / **por** algo
parangonar (una cosa / a una persona) **con** otra
parar **de** hacer algo
pararse **a** hacer algo
parecerse **a** alguien / algo **en** algo
participar **en** una reunión
partirse **de** risa
pasar **a** hacer algo, **de** algo, **por** alguien
pasarse **de** listo
pasear(se) **por** un lugar
pasmarse **de** frío, **con** la noticia
pavonearse **de** algo
pecar **de** ingenuo
pegarse **con** alguien **por** algo, **a** alguien / algo

pelear **por** un ideal **contra** alguien
pelearse **con** alguien **por** algo
pender **de** un hilo
penetrar **en** un lugar
pensar **en** alguien / algo
percatarse **de** lo ocurrido
perderse **por** hacer algo
permutar (una cosa) **por** otra
perseverar **en** el estudio
persistir **en** una idea
personarse **en** un lugar
persuadir **a** alguien **de** algo, **para** hacer algo
pertenecer **a** alguien / algo
pintar **de** azul, **al** óleo
pitorrearse **de** alguien
plagar **de** mosquitos
plantarse **en** una opinión
plegarse **a** / **ante** algo
poblar **de** personas /cosas
poder **con** alguien / algo
ponerse **a** hacer algo, **con** algo
porfiar **en** / **por** algo
preceder **a** alguien / algo, **en** algo
preciarse **de** una cualidad
precipitarse **en** la respuesta
precisar **de** alguien / algo
predisponer **a** alguien / algo **para** hacer algo

predominar **sobre** los demás
preferir (una cosa) **a** otra
preguntar (a alguien) **por** otra persona / una cosa
prendarse **de** alguien / algo
prender **de** la solapa
preocupar (a alguien) **por** algo
preocuparse **de** / **por** alguien / algo
prepararse **para** hacer algo
prescindir **de** alguien / algo
presentarse **para** un cargo
preservar **del** frío, **contra** un peligro
presionar **para** hacer algo
prestarse **a** algo, **a** hacer algo
presumir **de** guapo
pretender (algo) **de** alguien
prevalecer **sobre** algo
prevenir **de** algo, **contra** alguien / algo
primar **sobre** algo
privar(se) **de** algo, **de** hacer algo
probar **a** hacer algo
proceder **a** hacer algo, **de** un lugar, **contra** alguien
prodigarse **en** elogios
profundizar **en** un tema
progresar **en** el trabajo
pronunciarse **sobre** un tema, **por** alguien / algo

propasarse **en** algo
proponer **para** un cargo
prorrogar **por** un periodo de tiempo
prorrumpir **en** lágrimas
proseguir **con** una tarea
protegerse **con** / **contra** / **de** algo
protestar **de** algo, **contra** alguien / algo
proveer **de** lo necesario
provenir **de** un origen
provocar **a** alguien / algo, **para** hacer algo
pugnar **para** lograr algo, **por** hacer algo
pujar **por** un cuadro
pulular **por** un lugar
quedar **en** algo, **en** hacer algo
quedarse **con** una cosa
quejarse **de** alguien / algo, **por** algo
querellarse **contra** alguien
quitarse **del** tabaco
rabiar **de** algo, **por** hacer algo
radicar **en** algo
ratificarse **en** lo dicho
rayar **en** lo absurdo
reaccionar **a** / **ante** / **contra** algo
reafirmarse **en** lo dicho
rebajarse **ante** alguien, **a** hacer algo

rebelarse **contra** alguien / algo
rebosar **de** alegría
recabar (algo) **de** alguien / algo
recaer **en** alguien / algo
recapacitar **en** / **sobre** algo
recelar **de** alguien / algo
recluir **en** un lugar
recobrarse **de** una enfermedad
recoger **de** un lugar
recomendar (a alguien) **para** algo
recompensar (a alguien) **por** / **con** algo
reconciliarse **con** una persona
reconocer **a** alguien / algo **entre** varios, **por** algo
recrearse **en** una tarea, **con** algo agradable
recubrir **de** / **con** algo
recuperarse **de** una operación
recurrir **a** alguien / algo
reducirse **a** una cantidad
redundar **en** algo
reemplazar **por** alguien / algo, **con** algo
reencarnarse **en** un animal
referirse **a** alguien / algo
refugiarse **en** un lugar
regañar **por** algo
regirse **por** la ley

regocijarse **con** / **de** / **por** algo
reincidir **en** un error
reincorporarse **al** trabajo
reírse **de** alguien / algo
reiterarse **en** lo dicho
relacionarse **con** alguien
relegar **a** un segundo plano
relevar **de** las funciones
rellenar **de** / **con** algo
remitirse **a** los hechos
remontarse **a** otra época
rendirse **a** alguien / algo, **ante** alguien / algo
renegar **de** unas ideas
renunciar **a** un proyecto
reñir **a** / **con** alguien
reparar **en** el error
repartir **entre** varios
repercutir **en** alguien / algo
reponerse **del** susto
resarcir(se) **de** los daños
resentirse **de** una dolencia
reservar(se) **para** algo
resguardarse **de** la lluvia
resignarse **a** hacer algo, **con** algo
resistirse **a** hacer algo
resolverse **a** / **por** hacer algo
respaldar **en** una decisión

responder **de** alguien / algo **ante** alguien
responsabilizar (a alguien) **de** algo
restablecerse **del** accidente
restar (una cantidad) **de** otra
restringir **a** la mitad
resumir **en** pocas palabras
resurgir **de** la nada
retar **a** hacer algo
retener **en** un lugar
retirar(se) **de** la circulación
retractarse **de** lo dicho
retrasarse **en** los estudios
reunirse **con** alguien, **para** hacer algo
reventar **de** risa, **por** hacer algo
revertir **en** provecho
revestirse **de** paciencia
rezar **por** alguien, **para** lograr algo
rivalizar **con** alguien **en** algo, **por** algo
rociar **de** / **con** agua
rodar **por** un lugar
rodear **de** / **con** algo
romper **a** hacer algo, **con** alguien
saber **a** melocotón
saciar **de** / **con** algo
sacrificar(se) **por** alguien / algo, **para** algo

salvaguardar **de** alguien / algo
salvar **de** la muerte
sancionar **por** una infracción
secundar (a alguien) **en** un proyecto
seguir **con** una tarea
seleccionar **entre** varios
sensibilizar (a alguien) **de** algo
sentenciar **a** una condena, **por** un delito
sentir (algo) **por** alguien / algo
señalarse **en** / **por** algo
separarse **de** alguien / algo
servirse **de** (una cosa) **para** hacer algo
significarse **en** / **por** algo
simpatizar **con** alguien / algo
simultanear (una actividad) **con** otra
sincerarse **con** alguien
sincronizar (una cosa) **con** otra
sintonizar **con** alguien / algo
sobrepasar **a** alguien **en** algo
sobreponerse **a** / **de** algo
sobresalir **entre** varios **por** algo
sobresaltarse **con** / **de** / **por** algo
sobrevivir **a** alguien / algo
solapar (una cosa) **con** otra
solidarizarse **con** alguien / algo
soltarse **a** hacer algo, **en** algo
someter(se) **a** votación
sonar **a** hueco
sonrojarse **con** / **de** / **por** algo
soñar **con** alguien / algo
sorprender (a alguien) **con** / **de** / **por** algo
sospechar **de** alguien
sublevar **contra** alguien
subordinar **a** alguien / algo
subsistir **con** los ingresos
suceder (a alguien) **en** un cargo
sucumbir **a** / **ante** / **bajo** algo
sufrir **de** un padecimiento
sumarse **a** la manifestación
sumir **en** un estado
supeditar(se) **a** algo
superar (a alguien) **en** algo
superponer (una cosa) **a** otra
suplir (una cosa) **por** otra, **en** algo
surgir **de** un lugar
surtir **de** víveres
suscribirse **a** una revista
suspirar **por** alguien / algo
sustituir (una cosa / a una persona) **por** otra
tachar **de** frívolo
tardar **en** hacer algo
temblar **de** / **por** algo

temer **por** alguien / algo
tender **a** hacer algo
tener(se) **por** inteligente
tentar **a** alguien / algo, **de** hacer algo
teñir **de** negro, **con** tinte
teorizar **sobre** un asunto
terminar **con** alguien / algo, **de** / **por** hacer algo
tildar **de** orgulloso
tiritar **de** frío, **por** miedo
titubear **en** la decisión
tocar **a** dos porciones
tomar **por** otra persona, **en** serio
toparse **con** / **contra** alguien / algo
trabajar **de** camarero
trabajarse **a** alguien
traducir **de** un idioma **a** otro
traficar **con** armas
tranquilizar **con** algo
transferir **de** un lugar **a** otro
transformar (una cosa) **en** otra
transigir **en** / **con** algo
transitar **por** un lugar
transportar **de** un lugar **a** otro
trascender **a** / **de** alguien / algo
trasladar **de** un lugar **a** otro
traspasar **de** un lugar **a** otro
trasplantar **de** un lugar **a** otro

tratar **de** hacer algo
tratarse **con** alguien
triunfar **en** algo
trocar **en** / **por** algo
tropezar **con** / **en** algo
tropezarse **con** alguien
turnarse **con** alguien **para** hacer algo
ubicar **en** un lugar
ufanarse **con** / **de** algo
unir (a alguien / algo) **con** alguien / algo
unirse **a** alguien **para** hacer algo
untar **con** / **de** algo
urgir **a** hacer algo
usar **de** algo, **para** hacer algo
utilizar **de** algo, **para** hacer algo
vaciar **de** algo
vacilar **en** la respuesta, **entre** dos cosas
vacunar **contra** la gripe
vagar **por** un lugar, **de** un lugar **a** otro
valer **de** / **para** algo
valerse **de** alguien / algo, **para** hacer algo
valorar **en** una cantidad
vanagloriarse **de** una cualidad
variar **de** opinión, **en** algo

velar **por** alguien / algo
vencer (a alguien) **en** algo
vender (algo) **por** un precio
vengarse **de** alguien / algo **por** algo
venir **a** hacer algo, **de** algo
ver **de** hacer algo
verse **con** alguien
versar **sobre** un tema
vestir(se) **de** seda
vincular **a** alguien / algo **con** alguien / algo

vivir **de** alguien / algo
volcarse **a** / **en** / **sobre** alguien / algo
volver **a** hacer algo, **a** un tema
votar **por** alguien / algo **para** algo
yacer **en** un lugar
yuxtaponer (una cosa) **a** otra
zafarse **de** alguien / algo
zambullirse **en** un lugar
zarpar **de** / **desde** / **hacia** / **para** un lugar

4. MODELOS DE CONJUGACIONES

1 HABLAR

FORMAS NO PERSONALES

Infinitivo: hablar
Gerundio: hablando
Participio: hablado

Infinitivo compuesto: haber hablado
Gerundio compuesto: habiendo hablado

INDICATIVO

Presente
hablo
hablas
habla
hablamos
habláis
hablan

Pretérito perfecto
he hablado
has hablado
ha hablado
hemos hablado
habéis hablado
han hablado

Pretérito imperfecto
hablaba
hablabas
hablaba
hablábamos
hablabais
hablaban

Pret. Pluscuamperfecto
había hablado
habías hablado
había hablado
habíamos hablado
habíais hablado
habían hablado

Pretérito indefinido
hablé
hablaste
habló
hablamos
hablasteis
hablaron

Pretérito anterior
hube hablado
hubiste hablado
hubo hablado
hubimos hablado
hubisteis hablado
hubieron hablado

Futuro simple
hablaré
hablarás
hablará
hablaremos
hablaréis
hablarán

Futuro compuesto
habré hablado
habrás hablado
habrá hablado
habremos hablado
habréis hablado
habrán hablado

Condicional simple
hablaría
hablarías
hablaría
hablaríamos
hablaríais
hablarían

Condicional compuesto
habría hablado
habrías hablado
habría hablado
habríamos hablado
habríais hablado
habrían hablado

SUBJUNTIVO

Presente
hable
hables
hable
hablemos
habléis
hablen

Pretérito perfecto
haya hablado
hayas hablado
haya hablado
hayamos hablado
hayáis hablado
hayan hablado

Pretérito imperfecto
hablara
hablaras
hablara
habláramos
hablarais
hablaran

hablase
hablases
hablase
hablásemos
hablaseis
hablasen

Pret. Pluscuamperfecto
hubiera hablado
hubieras hablado
hubiera hablado
hubiéramos hablado
hubierais hablado
hubieran hablado

hubiese hablado
hubieses hablado
hubiese hablado
hubiésemos hablado
hubieseis hablado
hubiesen hablado

Futuro simple
hablare
hablares
hablare
habláremos
hablareis
hablaren

Futuro compuesto
hubiere hablado
hubieres hablado
hubiere hablado
hubiéremos hablado
hubiereis hablado
hubieren hablado

IMPERATIVO
habla
hable
hablemos
hablad
hablen

2 COMER

FORMAS NO PERSONALES

Infinitivo: comer
Gerundio: comiendo
Participio: comido

Infinitivo compuesto: haber comido
Gerundio compuesto: habiendo comido

INDICATIVO

Presente
como
comes
come
comemos
coméis
comen

Pretérito perfecto
he comido
has comido
ha comido
hemos comido
habéis comido
han comido

Pretérito imperfecto
comía
comías
comía
comíamos
comíais
comían

Pret. Pluscuamperfecto
había comido
habías comido
había comido
habíamos comido
habíais comido
habían comido

Pretérito indefinido
comí
comiste
comió
comimos
comisteis
comieron

Pretérito anterior
hube comido
hubiste comido
hubo comido
hubimos comido
hubisteis comido
hubieron comido

Futuro simple
comeré
comerás
comerá
comeremos
comeréis
comerán

Futuro compuesto
habré comido
habrás comido
habrá comido
habremos comido
habréis comido
habrán comido

Condicional simple
comería
comerías
comería
comeríamos
comeríais
comerían

Condicional compuesto
habría comido
habrías comido
habría comido
habríamos comido
habríais comido
habrían comido

SUBJUNTIVO

Presente
coma
comas
coma
comamos
comáis
coman

Pretérito perfecto
haya comido
hayas comido
haya comido
hayamos comido
hayáis comido
hayan comido

Pretérito imperfecto
comiera
comieras
comiera
comiéramos
comierais
comieran

Pret. Pluscuamperfecto
hubiera comido
hubieras comido
hubiera comido
hubiéramos comido
hubierais comido
hubieran comido

comiese
comieses
comiese
comiésemos
comieseis
comiesen

hubiese comido
hubieses comido
hubiese comido
hubiésemos comido
hubieseis comido
hubiesen comido

Futuro simple
comiere
comieres
comiere
comiéremos
comiereis
comieren

Futuro compuesto
hubiere comido
hubieres comido
hubiere comido
hubiéremos comido
hubiereis comido
hubieren comido

IMPERATIVO

come
coma
comamos
comed
coman

3 VIVIR

FORMAS NO PERSONALES

Infinitivo: vivir
Gerundio: viviendo
Participio: vivido

Infinitivo compuesto: haber vivido
Gerundio compuesto: habiendo vivido

INDICATIVO

Presente
vivo
vives
vive
vivimos
vivís
viven

Pretérito perfecto
he vivido
has vivido
ha vivido
hemos vivido
habéis vivido
han vivido

Pretérito imperfecto
vivía
vivías
vivía
vivíamos
vivíais
vivían

Pret. Pluscuamperfecto
había vivido
habías vivido
había vivido
habíamos vivido
habíais vivido
habían vivido

Pretérito indefinido
viví
viviste
vivió
vivimos
vivisteis
vivieron

Pretérito anterior
hube vivido
hubiste vivido
hubo vivido
hubimos vivido
hubisteis vivido
hubieron vivido

Futuro simple
viviré
vivirás
vivirá
viviremos
viviréis
vivirán

Futuro compuesto
habré vivido
habrás vivido
habrá vivido
habremos vivido
habréis vivido
habrán vivido

Condicional simple
viviría
vivirías
viviría
viviríamos
viviríais
vivirían

Condicional compuesto
habría vivido
habrías vivido
habría vivido
habríamos vivido
habríais vivido
habrían vivido

SUBJUNTIVO

Presente
viva
vivas
viva
vivamos
viváis
vivan

Pretérito perfecto
haya vivido
hayas vivido
haya vivido
hayamos vivido
hayáis vivido
hayan vivido

Pretérito imperfecto
viviera
vivieras
viviera
viviéramos
vivierais
vivieran

Pret. Pluscuamperfecto
hubiera vivido
hubieras vivido
hubiera vivido
hubiéramos vivido
hubierais vivido
hubieran vivido

viviese
vivieses
viviese
viviésemos
vivieseis
viviesen

hubiese vivido
hubieses vivido
hubiese vivido
hubiésemos vivido
hubieseis vivido
hubiesen vivido

Futuro simple
viviere
vivieres
viviere
viviéremos
viviereis
vivieren

Futuro compuesto
hubiere vivido
hubieres vivido
hubiere vivido
hubiéremos vivido
hubiereis vivido
hubieren vivido

IMPERATIVO

vive
viva
vivamos
vivid
vivan

4 ABOLIR

FORMAS NO PERSONALES

Infinitivo: abolir
Gerundio: aboliendo
Participio: abolido

Infinitivo compuesto: haber abolido
Gerundio compuesto: habiendo abolido

INDICATIVO

Presente		Pretérito perfecto	
-		he	abolido
-		has	abolido
-		ha	abolido
abolimos		hemos	abolido
abolís		habéis	abolido
-		han	abolido

Pretérito imperfecto		Pret. Pluscuamperfecto	
abolía		había	abolido
abolías		habías	abolido
abolía		había	abolido
abolíamos		habíamos	abolido
abolíais		habíais	abolido
abolían		habían	abolido

Pretérito indefinido		Pretérito anterior	
abolí		hube	abolido
aboliste		hubiste	abolido
abolió		hubo	abolido
abolimos		hubimos	abolido
abolisteis		hubisteis	abolido
abolieron		hubieron	abolido

Futuro simple		Futuro compuesto	
aboliré		habré	abolido
abolirás		habrás	abolido
abolirá		habrá	abolido
aboliremos		habremos	abolido
aboliréis		habréis	abolido
abolirán		habrán	abolido

Condicional simple		Condicional compuesto	
aboliría		habría	abolido
abolirías		habrías	abolido
aboliría		habría	abolido
aboliríamos		habríamos	abolido
aboliríais		habríais	abolido
abolirían		habrían	abolido

SUBJUNTIVO

Presente		Pretérito perfecto	
-		haya	abolido
-		hayas	abolido
-		haya	abolido
-		hayamos	abolido
-		hayáis	abolido
-		hayan	bolido

Pretérito imperfecto		Pret. Pluscuamperfecto	
aboliera		hubiera	abolido
abolieras		hubieras	abolido
aboliera		hubiera	abolido
aboliéramos		hubiéramos	abolido
abolierais		hubierais	abolido
abolieran		hubieran	abolido
aboliese		hubiese	abolido
abolieses		hubieses	abolido
aboliese		hubiese	abolido
aboliésemos		hubiésemos	abolido
abolieseis		hubieseis	abolido
aboliesen		hubiesen	abolido

Futuro simple		Futuro compuesto	
aboliere		hubiere	abolido
abolieres		hubieres	abolido
aboliere		hubiere	abolido
aboliéremos		hubiéremos	abolido
aboliereis		hubiereis	abolido
abolieren		hubieren	abolido

IMPERATIVO

-
-
-
abolid
-

5 ACTUAR

FORMAS NO PERSONALES

Infinitivo: actuar
Gerundio: actuando
Participio: actuado

Infinitivo compuesto: haber actuado
Gerundio compuesto: habiendo actuado

INDICATIVO

Presente
actúo
actúas
actúa
actuamos
actuáis
actúan

Pretérito perfecto
he actuado
has actuado
ha actuado
hemos actuado
habéis actuado
han actuado

Pretérito imperfecto
actuaba
actuabas
actuaba
actuábamos
actuabais
actuaban

Pret. Pluscuamperfecto
había actuado
habías actuado
había actuado
habíamos actuado
habíais actuado
habían actuado

Pretérito indefinido
actué
actuaste
actuó
actuamos
actuasteis
actuaron

Pretérito anterior
hube actuado
hubiste actuado
hubo actuado
hubimos actuado
hubisteis actuado
hubieron actuado

Futuro simple
actuaré
actuarás
actuará
actuaremos
actuaréis
actuarán

Futuro compuesto
habré actuado
habrás actuado
habrá actuado
habremos actuado
habréis actuado
habrán actuado

Condicional simple
actuaría
actuarías
actuaría
actuaríamos
actuaríais
actuarían

Condicional compuesto
habría actuado
habrías actuado
habría actuado
habríamos actuado
habríais actuado
habrían actuado

SUBJUNTIVO

Presente
actúe
actúes
actúe
actuemos
actuéis
actúen

Pretérito perfecto
haya actuado
hayas actuado
haya actuado
hayamos actuado
hayáis actuado
hayan actuado

Pretérito imperfecto
actuara
actuaras
actuara
actuáramos
actuarais
actuaran

Pret. Pluscuamperfecto
hubiera actuado
hubieras actuado
hubiera actuado
hubiéramos actuado
hubierais actuado
hubieran actuado

actuase
actuases
actuase
actuásemos
actuaseis
actuasen

hubiese actuado
hubieses actuado
hubiese actuado
hubiésemos actuado
hubieseis actuado
hubiesen actuado

Futuro simple
actuare
actuares
actuare
actuáremos
actuareis
actuaren

Futuro compuesto
hubiere actuado
hubieres actuado
hubiere actuado
hubiéremos actuado
hubiereis actuado
hubieren actuado

IMPERATIVO

actúa
actúe
actuemos
actuad
actúen

6 ADEUDAR

FORMAS NO PERSONALES

Infinitivo: adeudar
Gerundio: adeudando
Participio: adeudado

Infinitivo compuesto: haber adeudado
Gerundio compuesto: habiendo adeudado

INDICATIVO

Presente	Pretérito perfecto	
adeudo	he	adeudado
adeudas	has	adeudado
adeuda	ha	adeudado
adeudamos	hemos	adeudado
adeudáis	habéis	adeudado
adeudan	han	adeudado

Pretérito imperfecto	Pret. Pluscuamperfecto	
adeudaba	había	adeudado
adeudabas	habías	adeudado
adeudaba	había	adeudado
adeudábamos	habíamos	adeudado
adeudabais	habíais	adeudado
adeudaban	habían	adeudado

Pretérito indefinido	Pretérito anterior	
adeudé	hube	adeudado
adeudaste	hubiste	adeudado
adeudó	hubo	adeudado
adeudamos	hubimos	adeudado
adeudasteis	hubisteis	adeudado
adeudaron	hubieron	adeudado

Futuro simple	Futuro compuesto	
adeudaré	habré	adeudado
adeudarás	habrás	adeudado
adeudará	habrá	adeudado
adeudaremos	habremos	adeudado
adeudaréis	habréis	adeudado
adeudarán	habrán	adeudado

Condicional simple	Condicional compuesto	
adeudaría	habría	adeudado
adeudarías	habrías	adeudado
adeudaría	habría	adeudado
adeudaríamos	habríamos	adeudado
adeudaríais	habríais	adeudado
adeudarían	habrían	adeudado

SUBJUNTIVO

Presente	Pretérito perfecto	
adeude	haya	adeudado
adeudes	hayas	adeudado
adeude	haya	adeudado
adeudemos	hayamos	adeudado
adeudéis	hayáis	adeudado
adeuden	hayan	adeudado

Pretérito imperfecto	Pret. Pluscuamperfecto	
adeudara	hubiera	adeudado
adeudaras	hubieras	adeudado
adeudara	hubiera	adeudado
adeudáramos	hubiéramos	adeudado
adeudarais	hubierais	adeudado
adeudaran	hubieran	adeudado
adeudase	hubiese	adeudado
adeudases	hubieses	adeudado
adeudase	hubiese	adeudado
adeudásemos	hubiésemos	adeudado
adeudaseis	hubieseis	adeudado
adeudasen	hubiesen	adeudado

Futuro simple	Futuro compuesto	
adeudare	hubiere	adeudado
adeudares	hubieres	adeudado
adeudare	hubiere	adeudado
adeudáremos	hubiéremos	adeudado
adeudareis *(adeudaren)*	hubiereis	adeudado
adeudaren	hubieren	adeudado

IMPERATIVO

adeuda
adeude
adeudemos
adeudad
adeuden

7 ADQUIRIR

FORMAS NO PERSONALES

Infinitivo: adquirir **Infinitivo compuesto:** haber adquirido
Gerundio: adquiriendo **Gerundio compuesto:** habiendo adquirido
Participio: adquirido

INDICATIVO

Presente
adquiero
adquieres
adquiere
adquirimos
adquirís
adquieren

Pretérito perfecto
he adquirido
has adquirido
ha adquirido
hemos adquirido
habéis adquirido
han adquirido

Pretérito imperfecto
adquiría
adquirías
adquiría
adquiríamos
adquiríais
adquirían

Pret. Pluscuamperfecto
había adquirido
habías adquirido
había adquirido
habíamos adquirido
habíais adquirido
habían adquirido

Pretérito indefinido
adquirí
adquiriste
adquirió
adquirimos
adquiristeis
adquirieron

Pretérito anterior
hube adquirido
hubiste adquirido
hubo adquirido
hubimos adquirido
hubisteis adquirido
hubieron adquirido

Futuro simple
adquiriré
adquirirás
adquirirá
adquiriremos
adquiriréis
adquirirán

Futuro compuesto
habré adquirido
habrás adquirido
habrá adquirido
habremos adquirido
habréis adquirido
habrán adquirido

Condicional simple
adquiriría
adquirirías
adquiriría
adquiriríamos
adquiriríais
adquirirían

Condicional compuesto
habría adquirido
habrías adquirido
habría adquirido
habríamos adquirido
habríais adquirido
habrían adquirido

SUBJUNTIVO

Presente
adquiera
adquieras
adquiera
adquiramos
adquiráis
adquieran

Pretérito perfecto
haya adquirido
hayas adquirido
haya adquirido
hayamos adquirido
hayáis adquirido
hayan adquirido

Pretérito imperfecto
adquiriera
adquirieras
adquiriera
adquiriéramos
adquirierais
adquirieran

Pret. Pluscuamperfecto
hubiera adquirido
hubieras adquirido
hubiera adquirido
hubiéramos adquirido
hubierais adquirido
hubieran adquirido

adquiriese
adquirieses
adquiriese
adquiriésemos
adquirieseis
adquiriesen

hubiese adquirido
hubieses adquirido
hubiese adquirido
hubiésemos adquirido
hubieseis adquirido
hubiesen adquirido

Futuro simple
adquiriere
adquirieres
adquiriere
adquiriéremos
adquiriereis
adquirieren

Futuro compuesto
hubiere adquirido
hubieres adquirido
hubiere adquirido
hubiéremos adquirido
hubiereis adquirido
hubieren adquirido

IMPERATIVO

adquiere
adquiera
adquiramos
adquirid
adquieran

8 AISLAR

FORMAS NO PERSONALES

Infinitivo: aislar
Gerundio: aislando
Participio: aislado

Infinitivo compuesto: haber aislado
Gerundio compuesto: habiendo aislado

INDICATIVO

Presente	Pretérito perfecto	
aíslo	he	aislado
aíslas	has	aislado
aísla	ha	aislado
aislamos	hemos	aislado
aisláis	habéis	aislado
aíslan	han	aislado

Pretérito imperfecto	Pret. Pluscuamperfecto	
aislaba	había	aislado
aislabas	habías	aislado
aislaba	había	aislado
aislábamos	habíamos	aislado
aislabais	habíais	aislado
aislaban	habían	aislado

Pretérito indefinido	Pretérito anterior	
aislé	hube	aislado
aislaste	hubiste	aislado
aisló	hubo	aislado
aislamos	hubimos	aislado
aislasteis	hubisteis	aislado
aislaron	hubieron	aislado

Futuro simple	Futuro compuesto	
aislaré	habré	aislado
aislarás	habrás	aislado
aislará	habrá	aislado
aislaremos	habremos	aislado
aislaréis	habréis	aislado
aislarán	habrán	aislado

Condicional simple	Condicional compuesto	
aislaría	habría	aislado
aislarías	habrías	aislado
aislaría	habría	aislado
aislaríamos	habríamos	aislado
aislaríais	habríais	aislado
aislarían	habrían	aislado

SUBJUNTIVO

Presente	Pretérito perfecto	
aísle	haya	aislado
aísles	hayas	aislado
aísle	haya	aislado
aislemos	hayamos	aislado
aisléis	hayáis	aislado
aíslen	hayan	aislado

Pretérito imperfecto	Pret. Pluscuamperfecto	
aislara	hubiera	aislado
aislaras	hubieras	aislado
aislara	hubiera	aislado
aisláramos	hubiéramos	aislado
aislarais	hubierais	aislado
aislaran	hubieran	aislado
aislase	hubiese	aislado
aislases	hubieses	aislado
aislase	hubiese	aislado
aislásemos	hubiésemos	aislado
aislaseis	hubieseis	aislado
aislasen	hubiesen	aislado

Futuro simple	Futuro compuesto	
aislare	hubiere	aislado
aislares	hubieres	aislado
aislare	hubiere	aislado
aisláremos	hubiéremos	aislado
aislareis	hubiereis	aislado
aislaren	hubieren	aislado

IMPERATIVO

aísla
aísle
aislemos
aislad
aíslen

9 ANDAR

FORMAS NO PERSONALES

Infinitivo: andar
Gerundio: andando
Participio: andado

Infinitivo compuesto: haber andado
Gerundio compuesto: habiendo andado

INDICATIVO

Presente
ando
andas
anda
andamos
andáis
andan

Pretérito perfecto
he andado
has andado
ha andado
hemos andado
habéis andado
han andado

Pretérito imperfecto
andaba
andabas
andaba
andábamos
andabais
andaban

Pret. Pluscuamperfecto
había andado
habías andado
había andado
habíamos andado
habíais andado
habían andado

Pretérito indefinido
anduve
anduviste
anduvo
anduvimos
anduvisteis
anduvieron

Pretérito anterior
hube andado
hubiste andado
hube andado
hubimos andado
hubisteis andado
hubieron andado

Futuro simple
andaré
andarás
andará
andaremos
andaréis
andarán

Futuro compuesto
habré andado
habrás andado
habrá andado
habremos andado
habréis andado
habrán andado

Condicional simple
andaría
andarías
andaría
andaríamos
andaríais
andarían

Condicional compuesto
habría andado
habrías andado
habría andado
habríamos andado
habríais andado
habrían andado

SUBJUNTIVO

Presente
ande
andes
ande
andemos
andéis
anden

Pretérito perfecto
haya andado
hayas andado
haya andado
hayamos andado
hayáis andado
hayan andado

Pretérito imperfecto
anduviera
anduvieras
anduviera
anduviéramos
anduvierais
anduvieran

anduviese
anduvieses
anduviese
anduviésemos
anduvieseis
anduviesen

Pret. Pluscuamperfecto
hubiera andado
hubieras andado
hubiera andado
hubiéramos andado
hubierais andado
hubieran andado

hubiese andado
hubieses andado
hubiese andado
hubiésemos andado
hubieseis andado
hubiesen andado

Futuro simple
anduviere
anduvieres
anduviere
anduviéremos
anduviereis
anduvieren

Futuro compuesto
hubiere andado
hubieres andado
hubiere andado
hubiéremos andado
hubiereis andado
hubieren andado

IMPERATIVO

anda
ande
andemos
andad
anden

10 ASIR

FORMAS NO PERSONALES

Infinitivo: asir
Gerundio: asiendo
Participio: asido

Infinitivo compuesto: haber asido
Gerundio compuesto: habiendo asido

INDICATIVO

Presente
asgo
ases
ase
asimos
asís
asen

Pretérito perfecto
he asido
has asido
ha asido
hemos asido
habéis asido
han asido

Pretérito imperfecto
asía
asías
asía
asíamos
asíais
asían

Pret. Pluscuamperfecto
había asido
habías asido
había asido
habíamos asido
habíais asido
habían asido

Pretérito indefinido
así
asiste
asió
asimos
asisteis
asieron

Pretérito anterior
hube asido
hubiste asido
hubo asido
hubimos asido
hubisteis asido
hubieron asido

Futuro simple
asiré
asirás
asirá
asiremos
asiréis
asirán

Futuro compuesto
habré asido
habrás asido
habrá asido
habremos asido
habréis asido
habrán asido

Condicional simple
asiría
asirías
asiría
asiríamos
asiríais
asirían

Condicional compuesto
habría asido
habrías asido
habría asido
habríamos asido
habríais asido
habrían asido

SUBJUNTIVO

Presente
asga
asgas
asga
asgamos
asgáis
asgan

Pretérito perfecto
haya asido
hayas asido
haya asido
hayamos asido
hayáis asido
hayan asido

Pretérito imperfecto
asiera
asieras
asiera
asiéramos
asierais
asieran

Pret. Pluscuamperfecto
hubiera asido
hubieras asido
hubiera asido
hubiéramos asido
hubierais asido
hubieran asido

asiese
asieses
asiese
asiésemos
asieseis
asiesen

hubiese asido
hubieses asido
hubiese asido
hubiésemos asido
hubieseis asido
hubiesen asido

Futuro simple
asiere
asieres
asiere
asiéremos
asiereis
asieren

Futuro compuesto
hubiere asido
hubieres asido
hubiere asido
hubiéremos asido
hubiereis asido
hubieren asido

IMPERATIVO

ase
asga
asgamos
asid
asgan

11 AUNAR

FORMAS NO PERSONALES

Infinitivo: aunar
Gerundio: aunando
Participio: aunado

Infinitivo compuesto: haber aunado
Gerundio compuesto: habiendo aunado

INDICATIVO

Presente
aúno
aúnas
aúna
aunamos
aunáis
aúnan

Pretérito perfecto
he aunado
has aunado
ha aunado
hemos aunado
habéis aunado
han aunado

Pretérito imperfecto
aunaba
aunabas
aunaba
aunábamos
aunabais
aunaban

Pret. Pluscuamperfecto
había aunado
habías aunado
había aunado
habíamos aunado
habíais aunado
habían aunado

Pretérito indefinido
auné
aunaste
aunó
aunamos
aunasteis
aunaron

Pretérito anterior
hube aunado
hubiste aunado
hubo aunado
hubimos aunado
hubisteis aunado
hubieron aunado

Futuro simple
aunaré
aunarás
aunará
aunaremos
aunaréis
aunarán

Futuro compuesto
habré aunado
habrás aunado
habrá aunado
habremos aunado
habréis aunado
habrán aunado

Condicional simple
aunaría
aunarías
aunaría
aunaríamos
aunaríais
aunarían

Condicional compuesto
habría aunado
habrías aunado
habría aunado
habríamos aunado
habríais aunado
habrían aunado

SUBJUNTIVO

Presente
aúne
aúnes
aúne
aunemos
aunéis
aúnen

Pretérito perfecto
haya aunado
hayas aunado
haya aunado
hayamos aunado
hayáis aunado
hayan aunado

Pretérito imperfecto
aunara
aunaras
aunara
aunáramos
aunarais
aunaran

Pret. Pluscuamperfecto
hubiera aunado
hubieras aunado
hubiera aunado
hubiéramos aunado
hubierais aunado
hubieran aunado

aunase
aunases
aunase
aunásemos
aunaseis
aunasen

hubiese aunado
hubieses aunado
hubiese aunado
hubiésemos aunado
hubieseis aunado
hubiesen aunado

Futuro simple
aunare
aunares
aunare
aunáremos
aunareis
aunaren

Futuro compuesto
hubiere aunado
hubieres aunado
hubiere aunado
hubiéremos aunado
hubiereis aunado
hubieren aunado

IMPERATIVO

aúna
aúne
aunemos
aunad
aúnen

12 AUXILIAR

FORMAS NO PERSONALES

Infinitivo: auxiliar
Gerundio: auxiliando
Participio: auxiliado

Infinitivo compuesto: haber auxiliado
Gerundio compuesto: habiendo auxiliado

INDICATIVO

Presente
auxilio o auxílio
auxilias o auxílias
auxilia o auxilía
auxiliamos
auxiliáis
auxilian o auxilían

Pretérito perfecto
he auxiliado
has auxiliado
ha auxiliado
hemos auxiliado
habéis auxiliado
han auxiliado

Pretérito imperfecto
auxiliaba
auxiliabas
auxiliaba
auxiliábamos
auxiliabais
auxiliaban

Pret. Pluscuamperfecto
había auxiliado
habías auxiliado
había auxiliado
habíamos auxiliado
habíais auxiliado
habían auxiliado

Pretérito indefinido
auxilié
auxiliaste
auxilió
auxiliamos
auxiliasteis
auxiliaron

Pretérito anterior
hube auxiliado
hubiste auxiliado
hubo auxiliado
hubimos auxiliado
hubisteis auxiliado
hubieron auxiliado

Futuro simple
auxiliaré
auxiliarás
auxiliará
auxiliaremos
auxiliaréis
auxiliarán

Futuro compuesto
habré auxiliado
habrás auxiliado
habrá auxiliado
habremos auxiliado
habréis auxiliado
habrán auxiliado

Condicional simple
auxiliaría
auxiliarías
auxiliaría
auxiliaríamos
auxiliaríais
auxiliarían

Condicional compuesto
habría auxiliado
habrías auxiliado
habría auxiliado
habríamos auxiliado
habríais auxiliado
habrían auxiliado

SUBJUNTIVO

Presente
auxilie o auxilíe
auxilies o auxilíes
auxilie o auxilíe
auxiliemos
auxiliéis
auxilien o auxilíen

Pretérito perfecto
haya auxiliado
hayas auxiliado
haya auxiliado
hayamos auxiliado
hayáis auxiliado
hayan auxiliado

Pretérito imperfecto
auxiliara
auxiliaras
auxiliara
auxiliáramos
auxiliarais
auxiliaran

Pret. Pluscuamperfecto
hubiera auxiliado
hubieras auxiliado
hubiera auxiliado
hubiéramos auxiliado
hubierais auxiliado
hubieran auxiliado

auxiliase
auxiliases
auxiliase
auxiliásemos
auxiliaseis
auxiliasen

hubiese auxiliado
hubieses auxiliado
hubiese auxiliado
hubiésemos auxiliado
hubieseis auxiliado
hubiesen auxiliado

Futuro simple
auxiliare
auxiliares
auxiliare
auxiliáremos
auxiliareis
auxiliaren

Futuro compuesto
hubiere auxiliado
hubieres auxiliado
hubiere auxiliado
hubiéremos auxiliado
hubiereis auxiliado
hubieren auxiliado

IMPERATIVO
auxilia o auxilía
auxilie o auxilíe
auxiliemos
auxiliad
auxilien o auxilíen

13 AVERIGUAR

FORMAS NO PERSONALES

Infinitivo: averiguar
Gerundio: averiguando
Participio: averiguado

Infinitivo compuesto: haber averiguado
Gerundio compuesto: habiendo averiguado

INDICATIVO

Presente
- averiguo
- averiguas
- averigua
- averiguamos
- averiguáis
- averiguan

Pretérito perfecto
- he averiguado
- has averiguado
- ha averiguado
- hemos averiguado
- habéis averiguado
- han averiguado

Pretérito imperfecto
- averiguaba
- averiguabas
- averiguaba
- averiguábamos
- averiguabais
- averiguaban

Pret. Pluscuamperfecto
- había averiguado
- habías averiguado
- había averiguado
- habíamos averiguado
- habíais averiguado
- habían averiguado

Pretérito indefinido
- averigüé
- averiguaste
- averiguó
- averiguamos
- averiguasteis
- averiguaron

Pretérito anterior
- hube averiguado
- hubiste averiguado
- hubo averiguado
- hubimos averiguado
- hubisteis averiguado
- hubieron averiguado

Futuro simple
- averiguaré
- averiguarás
- averiguará
- averiguaremos
- averiguaréis
- averiguarán

Futuro compuesto
- habré averiguado
- habrás averiguado
- habrá averiguado
- habremos averiguado
- habréis averiguado
- habrán averiguado

Condicional simple
- averiguaría
- averiguarías
- averiguaría
- averiguaríamos
- averiguaríais
- averiguarían

Condicional compuesto
- habría averiguado
- habrías averiguado
- habría averiguado
- habríamos averiguado
- habríais averiguado
- habrían averiguado

SUBJUNTIVO

Presente
- averigüe
- averigües
- averigüe
- averigüemos
- averigüéis
- averigüen

Pretérito perfecto
- haya averiguado
- hayas averiguado
- haya averiguado
- hayamos averiguado
- hayáis averiguado
- hayan averiguado

Pretérito imperfecto
- averiguara
- averiguaras
- averiguara
- averiguáramos
- averiguarais
- averiguaran

Pret. Pluscuamperfecto
- hubiera averiguado
- hubieras averiguado
- hubiera averiguado
- hubiéramos averiguado
- hubierais averiguado
- hubieran averiguado

- averiguase
- averiguases
- averiguase
- averiguásemos
- averiguaseis
- averiguasen

- hubiese averiguado
- hubieses averiguado
- hubiese averiguado
- hubiésemos averiguado
- hubieseis averiguado
- hubiesen averiguado

Futuro simple
- averiguare
- averiguares
- averiguare
- averiguáremos
- averiguareis
- averiguaren

Futuro compuesto
- hubiere averiguado
- hubieres averiguado
- hubiere averiguado
- hubiéremos averiguado
- hubiereis averiguado
- hubieren averiguado

IMPERATIVO

- averigua
- averigüe
- averigüemos
- averiguad
- averigüen

14 BAILAR

FORMAS NO PERSONALES

Infinitivo: bailar
Gerundio: bailando
Participio: bailado

Infinitivo compuesto: haber bailado
Gerundio compuesto: habiendo bailado

INDICATIVO

Presente
- bailo
- bailas
- baila
- bailamos
- bailáis
- bailan

Pretérito perfecto
- he bailado
- has bailado
- ha bailado
- hemos bailado
- habéis bailado
- han bailado

Pretérito imperfecto
- bailaba
- bailabas
- bailaba
- bailábamos
- bailabais
- bailaban

Pret. Pluscuamperfecto
- había bailado
- habías bailado
- había bailado
- habíamos bailado
- habíais bailado
- habían bailado

Pretérito indefinido
- bailé
- bailaste
- bailó
- bailamos
- bailasteis
- bailaron

Pretérito anterior
- hube bailado
- hubiste bailado
- hubo bailado
- hubimos bailado
- hubisteis bailado
- hubieron bailado

Futuro simple
- bailaré
- bailarás
- bailará
- bailaremos
- bailaréis
- bailarán

Futuro compuesto
- habré bailado
- habrás bailado
- habrá bailado
- habremos bailado
- habréis bailado
- habrán bailado

Condicional simple
- bailaría
- bailarías
- bailaría
- bailaríamos
- bailaríais
- bailarían

Condicional compuesto
- habría bailado
- habrías bailado
- habría bailado
- habríamos bailado
- habríais bailado
- habrían bailado

SUBJUNTIVO

Presente
- baile
- bailes
- baile
- bailemos
- bailéis
- bailen

Pretérito perfecto
- haya bailado
- hayas bailado
- haya bailado
- hayamos bailado
- hayáis bailado
- hayan bailado

Pretérito imperfecto
- bailara
- bailaras
- bailara
- bailáramos
- bailarais
- bailaran

Pret. Pluscuamperfecto
- hubiera bailado
- hubieras bailado
- hubiera bailado
- hubiéramos bailado
- hubierais bailado
- hubieran bailado

- bailase
- bailases
- bailase
- bailásemos
- bailaseis
- bailasen

- hubiese bailado
- hubieses bailado
- hubiese bailado
- hubiésemos bailado
- hubieseis bailado
- hubiesen bailado

Futuro simple
- bailare
- bailares
- bailare
- bailáremos
- bailareis
- bailaren

Futuro compuesto
- hubiere bailado
- hubieres bailado
- hubiere bailado
- hubiéremos bailado
- hubiereis bailado
- hubieren bailado

IMPERATIVO

- baila
- baile
- bailemos
- bailad
- bailen

15 CABER

FORMAS NO PERSONALES

Infinitivo: caber
Gerundio: cabiendo
Participio: cabido

Infinitivo compuesto: haber cabido
Gerundio compuesto: habiendo cabido

INDICATIVO

Presente	Pretérito perfecto
quepo	he cabido
cabes	has cabido
cabe	ha cabido
cabemos	hemos cabido
cabéis	habéis cabido
caben	han cabido

Pretérito imperfecto	Pret. Pluscuamperfecto
cabía	había cabido
cabías	habías cabido
cabía	había cabido
cabíamos	habíamos cabido
cabíais	habíais cabido
cabían	habían cabido

Pretérito indefinido	Pretérito anterior
cupe	hube cabido
cupiste	hubiste cabido
cupo	hubo cabido
cupimos	hubimos cabido
cupisteis	hubisteis cabido
cupieron	hubieron cabido

Futuro simple	Futuro compuesto
cabré	habré cabido
cabrás	habrás cabido
cabrá	habrá cabido
cabremos	habremos cabido
cabréis	habréis cabido
cabrán	habrán cabido

Condicional simple	Condicional compuesto
cabría	habría cabido
cabrías	habrías cabido
cabría	habría cabido
cabríamos	habríamos cabido
cabríais	habríais cabido
cabrían	habrían cabido

SUBJUNTIVO

Presente	Pretérito perfecto
quepa	haya cabido
quepas	hayas cabido
quepa	haya cabido
quepamos	hayamos cabido
quepáis	hayáis cabido
quepan	hayan cabido

Pretérito imperfecto	Pret. Pluscuamperfecto
cupiera	hubiera cabido
cupieras	hubieras cabido
cupiera	hubiera cabido
cupiéramos	hubiéramos cabido
cupierais	hubierais cabido
cupieran	hubieran cabido
cupiese	hubiese cabido
cupieses	hubieses cabido
cupiese	hubiese cabido
cupiésemos	hubiésemos cabido
cupieseis	hubieseis cabido
cupiesen	hubiesen cabido

Futuro simple	Futuro compuesto
cupiere	hubiere cabido
cupieres	hubieres cabido
cupiere	hubiere cabido
cupiéremos	hubiéremos cabido
cupiereis	hubiereis cabido
cupieren	hubieren cabido

IMPERATIVO

cabe
quepa
quepamos
cabed
quepan

16 CAER

FORMAS NO PERSONALES

Infinitivo: caer
Gerundio: cayendo
Participio: caído

Infinitivo compuesto: haber caído
Gerundio compuesto: habiendo caído

INDICATIVO

Presente
caigo
caes
cae
caemos
caéis
caen

Pretérito perfecto
he caído
has caído
ha caído
hemos caído
habéis caído
han caído

Pretérito imperfecto
caía
caías
caía
caíamos
caíais
caían

Pret. Pluscuamperfecto
había caído
habías caído
había caído
habíamos caído
habíais caído
habían caído

Pretérito indefinido
caí
caíste
cayó
caímos
caísteis
cayeron

Pretérito anterior
hube caído
hubiste caído
hubo caído
hubimos caído
hubisteis caído
hubieron caído

Futuro simple
caeré
caerás
caerá
caeremos
caeréis
caerán

Futuro compuesto
habré caído
habrás caído
habrá caído
habremos caído
habréis caído
habrán caído

Condicional simple
caería
caerías
caería
caeríamos
caeríais
caerían

Condicional compuesto
habría caído
habrías caído
habría caído
habríamos caído
habríais caído
habrían caído

SUBJUNTIVO

Presente
caiga
caigas
caiga
caigamos
caigáis
caigan

Pretérito perfecto
haya caído
hayas caído
haya caído
hayamos caído
hayáis caído
hayan caído

Pretérito imperfecto
cayera
cayeras
cayera
cayéramos
cayerais
cayeran

Pret. Pluscuamperfecto
hubiera caído
hubieras caído
hubiera caído
hubiéramos caído
hubierais caído
hubieran caído

cayese
cayeses
cayese
cayésemos
cayeseis
cayesen

hubiese caído
hubieses caído
hubiese caído
hubiésemos caído
hubieseis caído
hubiesen caído

Futuro simple
cayere
cayeres
cayere
cayéremos
cayereis
cayeren

Futuro compuesto
hubiere caído
hubieres caído
hubiere caído
hubiéremos caído
hubiereis caído
hubieren caído

IMPERATIVO

cae
caiga
caigamos
caed
caigan

17 CAMBIAR

FORMAS NO PERSONALES

Infinitivo: cambiar
Gerundio: cambiando
Participio: cambiado

Infinitivo compuesto: haber cambiado
Gerundio compuesto: habiendo cambiado

INDICATIVO

Presente
cambio
cambias
cambia
cambiamos
cambiáis
cambian

Pretérito perfecto
he cambiado
has cambiado
ha cambiado
hemos cambiado
habéis cambiado
han cambiado

Pretérito imperfecto
cambiaba
cambiabas
cambiaba
cambiábamos
cambiabais
cambiaban

Pret. Pluscuamperfecto
había cambiado
habías cambiado
había cambiado
habíamos cambiado
habíais cambiado
habían cambiado

Pretérito indefinido
cambié
cambiaste
cambió
cambiamos
cambiasteis
cambiaron

Pretérito anterior
hube cambiado
hubiste cambiado
hubo cambiado
hubimos cambiado
hubisteis cambiado
hubieron cambiado

Futuro simple
cambiaré
cambiarás
cambiará
cambiaremos
cambiaréis
cambiarán

Futuro compuesto
habré cambiado
habrás cambiado
habrá cambiado
habremos cambiado
habréis cambiado
habrán cambiado

Condicional simple
cambiaría
cambiarías
cambiaría
cambiaríamos
cambiaríais
cambiarían

Condicional compuesto
habría cambiado
habrías cambiado
habría cambiado
habríamos cambiado
habríais cambiado
habrían cambiado

SUBJUNTIVO

Presente
cambie
cambies
cambie
cambiemos
cambiéis
cambien

Pretérito perfecto
haya cambiado
hayas cambiado
haya cambiado
hayamos cambiado
hayáis cambiado
hayan cambiado

Pretérito imperfecto
cambiara
cambiaras
cambiara
cambiáramos
cambiarais
cambiaran

Pret. Pluscuamperfecto
hubiera cambiado
hubieras cambiado
hubiera cambiado
hubiéramos cambiado
hubierais cambiado
hubieran cambiado

cambiase
cambiases
cambiase
cambiásemos
cambiaseis
cambiasen

hubiese cambiado
hubieses cambiado
hubiese cambiado
hubiésemos cambiado
hubieseis cambiado
hubiesen cambiado

Futuro simple
cambiare
cambiares
cambiare
cambiáremos
cambiareis
cambiaren

Futuro compuesto
hubiere cambiado
hubieres cambiado
hubiere cambiado
hubiéremos cambiado
hubiereis cambiado
hubieren cambiado

IMPERATIVO

cambia
cambie
cambiemos
cambiad
cambien

18 CAUSAR

FORMAS NO PERSONALES

Infinitivo: causar
Gerundio: causando
Participio: causado

Infinitivo compuesto: haber causado
Gerundio compuesto: habiendo causado

INDICATIVO

Presente
- causo
- causas
- causa
- causamos
- causáis
- causan

Pretérito perfecto
- he causado
- has causado
- ha causado
- hemos causado
- habéis causado
- han causado

Pretérito imperfecto
- causaba
- causabas
- causaba
- causábamos
- causabais
- causaban

Pret. Pluscuamperfecto
- había causado
- habías causado
- había causado
- habíamos causado
- habíais causado
- habían causado

Pretérito indefinido
- causé
- causaste
- causó
- causamos
- causasteis
- causaron

Pretérito anterior
- hube causado
- hubiste causado
- hubo causado
- hubimos causado
- hubisteis causado
- hubieron causado

Futuro simple
- causaré
- causarás
- causará
- causaremos
- causaréis
- causarán

Futuro compuesto
- habré causado
- habrás causado
- habrá causado
- habremos causado
- habréis causado
- habrán causado

Condicional simple
- causaría
- causarías
- causaría
- causaríamos
- causaríais
- causarían

Condicional compuesto
- habría causado
- habrías causado
- habría causado
- habríamos causado
- habríais causado
- habrían causado

SUBJUNTIVO

Presente
- cause
- causes
- cause
- causemos
- causéis
- causen

Pretérito perfecto
- haya causado
- hayas causado
- haya causado
- hayamos causado
- hayáis causado
- hayan causado

Pretérito imperfecto
- causara
- causaras
- causara
- causáramos
- causarais
- causaran

Pret. Pluscuamperfecto
- hubiera causado
- hubieras causado
- hubiera causado
- hubiéramos causado
- hubierais causado
- hubieran causado

- causase
- causases
- causase
- causásemos
- causaseis
- causasen

- hubiese causado
- hubieses causado
- hubiese causado
- hubiésemos causado
- hubieseis causado
- hubiesen causado

Futuro simple
- causare
- causares
- causare
- causáremos
- causareis
- causaren

Futuro compuesto
- hubiere causado
- hubieres causado
- hubiere causado
- hubiéremos causado
- hubiereis causado
- hubieren causado

IMPERATIVO

- causa
- cause
- causemos
- causad
- causen

19 CERRAR

FORMAS NO PERSONALES

Infinitivo: cerrar
Gerundio: cerrando
Participio: cerrado

Infinitivo compuesto: haber cerrado
Gerundio compuesto: habiendo cerrado

INDICATIVO

Presente
- cierro
- cierras
- cierra
- cerramos
- cerráis
- cierran

Pretérito perfecto
- he cerrado
- has cerrado
- ha cerrado
- hemos cerrado
- habéis cerrado
- han cerrado

Pretérito imperfecto
- cerraba
- cerrabas
- cerraba
- cerrábamos
- cerrabais
- cerraban

Pret. Pluscuamperfecto
- había cerrado
- habías cerrado
- había cerrado
- habíamos cerrado
- habíais cerrado
- habían cerrado

Pretérito indefinido
- cerré
- cerraste
- cerró
- cerramos
- cerrasteis
- cerraron

Pretérito anterior
- hube cerrado
- hubiste cerrado
- hubo cerrado
- hubimos cerrado
- hubisteis cerrado
- hubieron cerrado

Futuro simple
- cerraré
- cerrarás
- cerrará
- cerraremos
- cerraréis
- cerrarán

Futuro compuesto
- habré cerrado
- habrás cerrado
- habrá cerrado
- habremos cerrado
- habréis cerrado
- habrán cerrado

Condicional simple
- cerraría
- cerrarías
- cerraría
- cerraríamos
- cerraríais
- cerrarían

Condicional compuesto
- habría cerrado
- habrías cerrado
- habría cerrado
- habríamos cerrado
- habríais cerrado
- habrían cerrado

SUBJUNTIVO

Presente
- cierre
- cierres
- cierre
- cerremos
- cerréis
- cierren

Pretérito perfecto
- haya cerrado
- hayas cerrado
- haya cerrado
- hayamos cerrado
- hayáis cerrado
- hayan cerrado

Pretérito imperfecto
- cerrara
- cerraras
- cerrara
- cerráramos
- cerrarais
- cerraran

Pret. Pluscuamperfecto
- hubiera cerrado
- hubieras cerrado
- hubiera cerrado
- hubiéramos cerrado
- hubierais cerrado
- hubieran cerrado

- cerrase
- cerrases
- cerrase
- cerrásemos
- cerraseis
- cerrasen

- hubiese cerrado
- hubieses cerrado
- hubiese cerrado
- hubiésemos cerrado
- hubieseis cerrado
- hubiesen cerrado

Futuro simple
- cerrare
- cerrares
- cerrare
- cerráremos
- cerrareis
- cerraren

Futuro compuesto
- hubiere cerrado
- hubieres cerrado
- hubiere cerrado
- hubiéremos cerrado
- hubiereis cerrado
- hubieren cerrado

IMPERATIVO

- cierra
- cierre
- cerremos
- cerrad
- cierren

20 CONDUCIR

FORMAS NO PERSONALES

Infinitivo: conducir
Gerundio: conduciendo
Participio: conducido

Infinitivo compuesto: haber conducido
Gerundio compuesto: habiendo conducido

INDICATIVO

Presente
conduzco
conduces
conduce
conducimos
conducís
conducen

Pretérito perfecto
he conducido
has conducido
ha conducido
hemos conducido
habéis conducido
han conducido

Pretérito imperfecto
conducía
conducías
conducía
conducíamos
conducíais
conducían

Pret. Pluscuamperfecto
había conducido
habías conducido
había conducido
habíamos conducido
habíais conducido
habían conducido

Pretérito indefinido
conduje
condujiste
condujo
condujimos
condujisteis
condujeron

Pretérito anterior
hube conducido
hubiste conducido
hubo conducido
hubimos conducido
hubisteis conducido
hubieron conducido

Futuro simple
conduciré
conducirás
conducirá
conduciremos
conduciréis
conducirán

Futuro compuesto
habré conducido
habrás conducido
habrá conducido
habremos conducido
habréis conducido
habrán conducido

Condicional simple
conduciría
conducirías
conduciría
conduciríamos
conduciríais
conducirían

Condicional compuesto
habría conducido
habrías conducido
habría conducido
habríamos conducido
habríais conducido
habrían conducido

SUBJUNTIVO

Presente
conduzca
conduzcas
conduzca
conduzcamos
conduzcáis
conduzcan

Pretérito perfecto
haya conducido
hayas conducido
haya conducido
hayamos conducido
hayáis conducido
hayan conducido

Pretérito imperfecto
condujera
condujeras
condujera
condujéramos
condujerais
condujeran

Pret. Pluscuamperfecto
hubiera conducido
hubieras conducido
hubiera conducido
hubiéramos conducido
hubierais conducido
hubieran conducido

condujese
condujeses
condujese
condujésemos
condujeseis
condujesen

hubiese conducido
hubieses conducido
hubiese conducido
hubiésemos conducido
hubieseis conducido
hubiesen conducido

Futuro simple
condujere
condujeres
condujere
condujéremos
condujereis
condujeren

Futuro compuesto
hubiere conducido
hubieres conducido
hubiere conducido
hubiéremos conducido
hubiereis conducido
hubieren conducido

IMPERATIVO

conduce
conduzca
conduzcamos
conducid
conduzcan

21 CONOCER

FORMAS NO PERSONALES

Infinitivo: conocer **Infinitivo compuesto:** haber conocido
Gerundio: conociendo **Gerundio compuesto:** habiendo conocido
Participio: conocido

INDICATIVO

Presente
conozco
conoces
conoce
conocemos
conocéis
conocen

Pretérito perfecto
he conocido
has conocido
ha conocido
hemos conocido
habéis conocido
han conocido

Pretérito imperfecto
conocía
conocías
conocía
conocíamos
conocíais
conocían

Pret. Pluscuamperfecto
había conocido
habías conocido
había conocido
habíamos conocido
habíais conocido
habían conocido

Pretérito indefinido
conocí
conociste
conoció
conocimos
conocisteis
conocieron

Pretérito anterior
hube conocido
hubiste conocido
hubo conocido
hubimos conocido
hubisteis conocido
hubieron conocido

Futuro simple
conoceré
conocerás
conocerá
conoceremos
conoceréis
conocerán

Futuro compuesto
habré conocido
habrás conocido
habrá conocido
habremos conocido
habréis conocido
habrán conocido

Condicional simple
conocería
conocerías
conocería
conoceríamos
conoceríais
conocerían

Condicional compuesto
habría conocido
habrías conocido
habría conocido
habríamos conocido
habríais conocido
habrían conocido

SUBJUNTIVO

Presente
conozca
conozcas
conozca
conozcamos
conozcáis
conozcan

Pretérito perfecto
haya conocido
hayas conocido
haya conocido
hayamos conocido
hayáis conocido
hayan conocido

Pretérito imperfecto
conociera
conocieras
conociera
conociéramos
conocierais
conocieran

Pret. Pluscuamperfecto
hubiera conocido
hubieras conocido
hubiera conocido
hubiéramos conocido
hubierais conocido
hubieran conocido

conociese
conocieses
conociese
conociésemos
conocieseis
conociesen

hubiese conocido
hubieses conocido
hubiese conocido
hubiésemos conocido
hubieseis conocido
hubiesen conocido

Futuro simple
conociere
conocieres
conociere
conociéremos
conociereis
conocieren

Futuro compuesto
hubiere conocido
hubieres conocido
hubiere conocido
hubiéremos conocido
hubiereis conocido
hubieren conocido

IMPERATIVO

conoce
conozca
conozcamos
conoced
conozcan

22 CONTAR

FORMAS NO PERSONALES

Infinitivo: contar **Infinitivo compuesto:** haber contado
Gerundio: contando **Gerundio compuesto:** habiendo contado
Participio: contado

INDICATIVO

Presente
cuento
cuentas
cuenta
contamos
contáis
cuentan

Pretérito perfecto
he contado
has contado
ha contado
hemos contado
habéis contado
han contado

Pretérito imperfecto
contaba
contabas
contaba
contábamos
contabais
contaban

Pret. Pluscuamperfecto
había contado
habías contado
había contado
habíamos contado
habíais contado
habían contado

Pretérito indefinido
conté
contaste
contó
contamos
contasteis
contaron

Pretérito anterior
hube contado
hubiste contado
hubo contado
hubimos contado
hubisteis contado
hubieron contado

Futuro simple
contaré
contarás
contará
contaremos
contaréis
contarán

Futuro compuesto
habré contado
habrás contado
habrá contado
habremos contado
habréis contado
habrán contado

Condicional simple
contaría
contarías
contaría
contaríamos
contaríais
contarían

Condicional compuesto
habría contado
habrías contado
habría contado
habríamos contado
habríais contado
habrían contado

SUBJUNTIVO

Presente
cuente
cuentes
cuente
contemos
contéis
cuenten

Pretérito perfecto
haya contado
hayas contado
haya contado
hayamos contado
hayáis contado
hayan contado

Pretérito imperfecto
contara
contaras
contara
contáramos
contarais
contaran

Pret. Pluscuamperfecto
hubiera contado
hubieras contado
hubiera contado
hubiéramos contado
hubierais contado
hubieran contado

contase
contases
contase
contásemos
contaseis
contasen

hubiese contado
hubieses contado
hubiese contado
hubiésemos contado
hubieseis contado
hubiesen contado

Futuro simple
contare
contares
contare
contáremos
contareis
contaren

Futuro compuesto
hubiere contado
hubieres contado
hubiere contado
hubiéremos contado
hubiereis contado
hubieren contado

IMPERATIVO

cuenta
cuente
contemos
contad
cuenten

23 DAR

FORMAS NO PERSONALES

Infinitivo: dar **Infinitivo compuesto**: haber dado
Gerundio: dando **Gerundio compuesto**: habiendo dado
Participio: dado

INDICATIVO

Presente	Pretérito perfecto		Pretérito imperfecto	Pret. Pluscuamperfecto	
doy	he	dado	daba	había	dado
das	has	dado	dabas	habías	dado
da	ha	dado	daba	había	dado
damos	hemos	dado	dábamos	habíamos	dado
dais	habéis	dado	dabais	habíais	dado
dan	han	dado	daban	habían	dado

Pretérito indefinido	Pretérito anterior	
di	hube	dado
diste	hubiste	dado
dio	hube	dado
dimos	hubimos	dado
disteis	hubisteis	dado
dieron	hubieron	dado

Futuro simple	Futuro compuesto	
daré	habré	dado
darás	habrás	dado
dará	habrá	dado
daremos	habremos	dado
daréis	habréis	dado
darán	habrán	dado

Condicional simple	Condicional compuesto	
daría	habría	dado
darías	habrías	dado
daría	habría	dado
daríamos	habríamos	dado
daríais	habríais	dado
darían	habrían	dado

SUBJUNTIVO

Presente	Pretérito perfecto		Pretérito imperfecto	Pret. Pluscuamperfecto	
dé	haya	dado	diera	hubiera	dado
des	hayas	dado	dieras	hubieras	dado
dé	haya	dado	diera	hubiera	dado
demos	hayamos	dado	diéramos	hubiéramos	dado
deis	hayáis	dado	dierais	hubierais	dado
den	hayan	dado	dieran	hubieran	dado

diese			hubiese	dado	
dieses			hubieses	dado	
diese			hubiese	dado	
diésemos			hubiésemos	dado	
dieseis			hubieseis	dado	
diesen			hubiesen	dado	

Futuro simple	Futuro compuesto	
diere	hubiere	dado
dieres	hubieres	dado
diere	hubiere	dado
diéremos	hubiéremos	dado
diereis	hubiereis	dado
dieren	hubieren	dado

IMPERATIVO

da
dé
demos
dad
den

24 DECIR

FORMAS NO PERSONALES

Infinitivo: decir
Gerundio: diciendo
Participio: dicho

Infinitivo compuesto: haber dicho
Gerundio compuesto: habiendo dicho

INDICATIVO

Presente	Pretérito perfecto
digo	he dicho
dices	has dicho
dice	ha dicho
decimos	hemos dicho
decís	habéis dicho
dicen	han dicho

Pretérito imperfecto	Pret. Pluscuamperfecto
decía	había dicho
decías	habías dicho
decía	había dicho
decíamos	habíamos dicho
decíais	habíais dicho
decían	habían dicho

Pretérito indefinido	Pretérito anterior
dije	hube dicho
dijiste	hubiste dicho
dijo	hubo dicho
dijimos	hubimos dicho
dijisteis	hubisteis dicho
dijeron	hubieron dicho

Futuro simple	Futuro compuesto
diré	habré dicho
dirás	habrás dicho
dirá	habrá dicho
diremos	habremos dicho
diréis	habréis dicho
dirán	habrán dicho

Condicional simple	Condicional compuesto
diría	habría dicho
dirías	habrías dicho
diría	habría dicho
diríamos	habríamos dicho
diríais	habríais dicho
dirían	habrían dicho

SUBJUNTIVO

Presente	Pretérito perfecto
diga	haya dicho
digas	hayas dicho
diga	haya dicho
digamos	hayamos dicho
digáis	hayáis dicho
digan	hayan dicho

Pretérito imperfecto	Pret. Pluscuamperfecto
dijera	hubiera dicho
dijeras	hubieras dicho
dijera	hubiera dicho
dijéramos	hubiéramos dicho
dijerais	hubierais dicho
dijeran	hubieran dicho
dijese	hubiese dicho
dijeses	hubieses dicho
dijese	hubiese dicho
dijésemos	hubiésemos dicho
dijeseis	hubieseis dicho
dijesen	hubiesen dicho

Futuro simple	Futuro compuesto
dijere	hubiere dicho
dijeres	hubieres dicho
dijere	hubiere dicho
dijéremos	hubiéremos dicho
dijereis	hubiereis dicho
dijeren	hubieren dicho

IMPERATIVO

di
diga
digamos
decid
digan

25 DESCAFEINAR

FORMAS NO PERSONALES

Infinitivo: descafeinar
Gerundio: descafeinando
Participio: descafeinado

Infinitivo compuesto: haber descafeinado
Gerundio compuesto: habiendo descafeinado

INDICATIVO

Presente
descafeíno
descafeínas
descafeína
descafeinamos
descafeináis
descafeínan

Pretérito perfecto
he descafeinado
has descafeinado
ha descafeinado
hemos descafeinado
habéis descafeinado
han descafeinado

Pretérito imperfecto
descafeinaba
descafeinabas
descafeinaba
descafeinábamos
descafeinabais
descafeinaban

Pret. Pluscuamperfecto
había descafeinado
habías descafeinado
había escafeinado
habíamos descafeinado
habíais descafeinado
habían descafeinado

Pretérito indefinido
descafeiné
descafeinaste
descafeinó
descafeinamos
descafeinasteis
descafeinaron

Pretérito anterior
hube descafeinado
hubiste descafeinado
hubo descafeinado
hubimos descafeinado
hubisteis descafeinado
hubieron descafeinado

Futuro simple
descafeinaré
descafeinarás
descafeinará
descafeinaremos
descafeinaréis
descafeinarán

Futuro compuesto
habré descafeinado
habrás descafeinado
habrá descafeinado
habremos descafeinado
habréis descafeinado
habrán descafeinado

Condicional simple
descafeinaría
descafeinarías
descafeinaría
descafeinaríamos
descafeinaríais
descafeinarían

Condicional compuesto
habría descafeinado
habrías descafeinado
habría descafeinado
habríamos descafeinado
habríais descafeinado
habrían descafeinado

SUBJUNTIVO

Presente
descafeíne
descafeínes
descafeíne
descafeinemos
descafeinéis
descafeínen

Pretérito perfecto
haya descafeinado
hayas descafeinado
haya descafeinado
hayamos descafeinado
hayáis descafeinado
hayan descafeinado

Pretérito imperfecto
descafeinara
descafeinaras
descafeinara
descafeináramos
descafeinarais
descafeinaran

Pret. Pluscuamperfecto
hubiera descafeinado
hubieras descafeinado
hubiera descafeinado
hubiéramos descafeinado
hubierais descafeinado
hubieran descafeinado

descafeinase
descafeinases
descafeinase
descafeinásemos
descafeinaseis
descafeinasen

hubiese descafeinado
hubieses descafeinado
hubiese descafeinado
hubiésemos descafeinado
hubieseis descafeinado
hubiesen descafeinado

Futuro simple
descafeinare
descafeinares
descafeinare
descafeináremos
descafeinareis
descafeinaren

Futuro compuesto
hubiere descafeinado
hubieres descafeinado
hubiere descafeinado
hubiéremos descafeinado
hubiereis descafeinado
hubieren descafeinado

IMPERATIVO
descafeína
descafeíne
descafeinemos
descafeinad
descafeínen

26 DISCERNIR

FORMAS NO PERSONALES

Infinitivo: discernir
Gerundio: discerniendo
Participio: discernido

Infinitivo compuesto: haber discernido
Gerundio compuesto: habiendo discernido

INDICATIVO

Presente
discierno
disciernes
discierne
discernimos
discernís
disciernen

Pretérito perfecto
he discernido
has discernido
ha discernido
hemos discernido
habéis discernido
han discernido

Pretérito imperfecto
discernía
discernías
discernía
discerníamos
discerníais
discernían

Pret. Pluscuamperfecto
había discernido
habías discernido
había discernido
habíamos discernido
habíais discernido
habían discernido

Pretérito indefinido
discerní
discerniste
discernió
discernimos
discernisteis
discernieron

Pretérito anterior
hube discernido
hubiste discernido
hubo discernido
hubimos discernido
hubisteis discernido
hubieron discernido

Futuro simple
discerniré
discernirás
discernirá
discerniremos
discerniréis
discernirán

Futuro compuesto
habré discernido
habrás discernido
habrá discernido
habremos discernido
habréis discernido
habrán discernido

Condicional simple
discerniría
discernirías
discerniría
discerniríamos
discerniríais
discernirían

Condicional compuesto
habría discernido
habrías discernido
habría discernido
habríamos discernido
habríais discernido
habrían discernido

SUBJUNTIVO

Presente
discierna
disciernas
discierna
discernamos
discernáis
disciernan

Pretérito perfecto
haya discernido
hayas discernido
haya discernido
hayamos discernido
hayáis discernido
hayan discernido

Pretérito imperfecto
discerniera
discernieras
discerniera
discerniéramos
discernierais
discernieran

Pret. Pluscuamperfecto
hubiera discernido
hubieras discernido
hubiera discernido
hubiéramos discernido
hubierais discernido
hubieran discernido

discerniese
discernieses
discerniese
discerniésemos
discernieseis
discerniesen

hubiese discernido
hubieses discernido
hubiese discernido
hubiésemos discernido
hubieseis discernido
hubiesen discernido

Futuro simple
discerniere
discernieres
discerniere
discerniéremos
discerniereis
discernieren

Futuro compuesto
hubiere discernido
hubieres discernido
hubiere discernido
hubiéremos discernido
hubiereis discernido
hubieren discernido

IMPERATIVO

discierne
discierna
discernamos
discernid
disciernan

27 DORMIR

FORMAS NO PERSONALES

Infinitivo: dormir
Gerundio: durmiendo
Participio: dormido

Infinitivo compuesto: haber dormido
Gerundio compuesto: habiendo dormido

INDICATIVO

Presente
duermo
duermes
duerme
dormimos
dormís
duermen

Pretérito perfecto
he dormido
has dormido
ha dormido
hemos dormido
habéis dormido
han dormido

Pretérito imperfecto
dormía
dormías
dormía
dormíamos
dormíais
dormían

Pret. Pluscuamperfecto
había dormido
habías dormido
había dormido
habíamos dormido
habíais dormido
habían dormido

Pretérito indefinido
dormí
dormiste
durmió
dormimos
dormisteis
durmieron

Pretérito anterior
hube dormido
hubiste dormido
hubo dormido
hubimos dormido
hubisteis dormido
hubieron dormido

Futuro simple
dormiré
dormirás
dormirá
dormiremos
dormiréis
dormirán

Futuro compuesto
habré dormido
habrás dormido
habrá dormido
habremos dormido
habréis dormido
habrán dormido

Condicional simple
dormiría
dormirías
dormiría
dormiríamos
dormiríais
dormirían

Condicional compuesto
habría dormido
habrías dormido
habría dormido
habríamos dormido
habríais dormido
habrían dormido

SUBJUNTIVO

Presente
duerma
duermas
duerma
durmamos
durmáis
duerman

Pretérito perfecto
haya dormido
hayas dormido
haya dormido
hayamos dormido
hayáis dormido
hayan dormido

Pretérito imperfecto
durmiera
durmieras
durmiera
durmiéramos
durmierais
durmieran

Pret. Pluscuamperfecto
hubiera dormido
hubieras dormido
hubiera dormido
hubiéramos dormido
hubierais dormido
hubieran dormido

durmiese
durmieses
durmiese
durmiésemos
durmieseis
durmiesen

hubiese dormido
hubieses dormido
hubiese dormido
hubiésemos dormido
hubieseis dormido
hubiesen dormido

Futuro simple
durmiere
durmieres
durmiere
durmiéremos
durmiereis
durmieren

Futuro compuesto
hubiere dormido
hubieres dormido
hubiere dormido
hubiéremos dormido
hubiereis dormido
hubieren dormido

IMPERATIVO

duerme
duerma
durmamos
dormid
duerman

28 ENVIAR

FORMAS NO PERSONALES

Infinitivo: enviar
Gerundio: enviando
Participio: enviado

Infinitivo compuesto: haber enviado
Gerundio compuesto: habiendo enviado

INDICATIVO

Presente
envío
envías
envía
enviamos
enviáis
envían

Pretérito perfecto
he enviado
has enviado
ha enviado
hemos enviado
habéis enviado
han enviado

Pretérito imperfecto
enviaba
enviabas
enviaba
enviábamos
enviabais
enviaban

Pret. Pluscuamperfecto
había enviado
habías enviado
había enviado
habíamos enviado
habíais enviado
habían enviado

Pretérito indefinido
envié
enviaste
envió
enviamos
enviasteis
enviaron

Pretérito anterior
hube enviado
hubiste enviado
hubo enviado
hubimos enviado
hubisteis enviado
hubieron enviado

Futuro simple
enviaré
enviarás
enviará
enviaremos
enviaréis
enviarán

Futuro compuesto
habré enviado
habrás enviado
habrá enviado
habremos enviado
habréis enviado
habrán enviado

Condicional simple
enviaría
enviarías
enviaría
enviaríamos
enviaríais
enviarían

Condicional compuesto
habría enviado
habrías enviado
habría enviado
habríamos enviado
habríais enviado
habrían enviado

SUBJUNTIVO

Presente
envíe
envíes
envíe
enviemos
enviéis
envíen

Pretérito perfecto
haya enviado
hayas enviado
haya enviado
hayamos enviado
hayáis enviado
hayan enviado

Pretérito imperfecto
enviara
enviaras
enviara
enviáramos
enviarais
enviaran

Pret. Pluscuamperfecto
hubiera enviado
hubieras enviado
hubiera enviado
hubiéramos enviado
hubierais enviado
hubieran enviado

enviase
enviases
enviase
enviásemos
enviaseis
enviasen

hubiese enviado
hubieses enviado
hubiese enviado
hubiésemos enviado
hubieseis enviado
hubiesen enviado

Futuro simple
enviare
enviares
enviare
enviáremos
enviareis
enviaren

Futuro compuesto
hubiere enviado
hubieres enviado
hubiere enviado
hubiéremos enviado
hubiereis enviado
hubieren enviado

IMPERATIVO

envía
envíe
enviemos
enviad
envíen

29 ERGUIR

FORMAS NO PERSONALES

Infinitivo: erguir
Gerundio: irguiendo
Participio: erguido

Infinitivo compuesto: haber erguido
Gerundio compuesto: habiendo erguido

INDICATIVO

Presente
irgo o yergo
irgues o yergues
irgue o yergue
erguimos
erguís
irguen o yerguen

Pretérito perfecto
he erguido
has erguido
ha erguido
hemos erguido
habéis erguido
han erguido

Pretérito imperfecto
erguía
erguías
erguía
erguíamos
erguíais
erguían

Pret. Pluscuamperfecto
había erguido
habías erguido
había erguido
habíamos erguido
habíais erguido
habían erguido

Pretérito indefinido
erguí
erguiste
irguió
erguimos
erguisteis
irguieron

Pretérito anterior
hube erguido
hubiste erguido
hubo erguido
hubimos erguido
hubisteis erguido
hubieron erguido

Futuro simple
erguiré
erguirás
erguirá
erguiremos
erguiréis
erguirán

Futuro compuesto
habré erguido
habrás erguido
habrá erguido
habremos erguido
habréis erguido
habrán erguido

Condicional simple
erguiría
erguirías
erguiría
erguiríamos
erguiríais
erguirían

Condicional compuesto
habría erguido
habrías erguido
habría erguido
habríamos erguido
habríais erguido
habrían erguido

SUBJUNTIVO

Presente
irga o yerga
irgas o yergas
irga o yerga
irgamos o yergamos
irgáis o yergáis
irgan o yergan

Pretérito perfecto
haya erguido
hayas erguido
haya erguido
hayamos erguido
hayáis erguido
hayan erguido

Pretérito imperfecto
irguiera
irguieras
irguiera
irguiéramos
irguierais
irguieran

Pret. Pluscuamperfecto
hubiera erguido
hubieras erguido
hubiera erguido
hubiéramos erguido
hubierais erguido
hubieran erguido

irguiese
irguieses
irguiese
irguiésemos
irguieseis
irguiesen

hubiese erguido
hubieses erguido
hubiese erguido
hubiésemos erguido
hubieseis erguido
hubiesen erguido

Futuro simple
irguiere
irguieres
irguiere
irguiéremos
irguiereis
irguieren

Futuro compuesto
hubiere erguido
hubieres erguido
hubiere erguido
hubiéremos erguido
hubiereis erguido
hubieren erguido

IMPERATIVO

irgue o yergue
irga o yerga
irgamos o yergamos
erguid
irgan o yergan

30 ERRAR

FORMAS NO PERSONALES

Infinitivo: errar
Gerundio: errando
Participio: errado

Infinitivo compuesto: haber errado
Gerundio compuesto: habiendo errado

INDICATIVO

Presente
yerro o erro
yerras o erras
yerra o erra
erramos
erráis
yerran o erran

Pretérito perfecto
he errado
has errado
ha errado
hemos errado
habéis errado
han errado

Pretérito imperfecto
erraba
errabas
erraba
errábamos
errabais
erraban

Pret. Pluscuamperfecto
había errado
habías errado
había errado
habíamos errado
habíais errado
habían errado

Pretérito indefinido
erré
erraste
erró
erramos
errasteis
erraron

Pretérito anterior
hube errado
hubiste errado
hubo errado
hubimos errado
hubisteis errado
hubieron errado

Futuro simple
erraré
errarás
errará
erraremos
erraréis
errarán

Futuro compuesto
habré errado
habrás errado
habrá errado
habremos errado
habréis errado
habrán errado

Condicional simple
erraría
errarías
erraría
erraríamos
erraríais
errarían

Condicional compuesto
habría errado
habrías errado
habría errado
habríamos errado
habríais errado
habrían errado

SUBJUNTIVO

Presente
yerre o erre
yerres o erres
yerre o erre
erremos
erréis
yerren o erren

Pretérito perfecto
haya errado
hayas errado
haya errado
hayamos errado
hayáis errado
hayan errado

Pretérito imperfecto
errara
erraras
errara
erráramos
errarais
erraran

Pret. Pluscuamperfecto
hubiera errado
hubieras errado
hubiera errado
hubiéramos errado
hubierais errado
hubieran errado

errase
errases
errase
errásemos
erraseis
errasen

hubiese errado
hubieses errado
hubiese errado
hubiésemos errado
hubieseis errado
hubiesen errado

Futuro simple
errare
errares
errare
erráremos
errareis
erraren

Futuro compuesto
hubiere errado
hubieres errado
hubiere errado
hubiéremos errado
hubiereis errado
hubieren errado

IMPERATIVO

yerra o erra
yerre o erre
erremos
errad
yerren o erren

31 ESTAR

FORMAS NO PERSONALES

Infinitivo: estar
Gerundio: estando
Participio: estado

Infinitivo compuesto: haber estado
Gerundio compuesto: habiendo estado

INDICATIVO

Presente
estoy
estás
está
estamos
estáis
están

Pretérito perfecto
he estado
has estado
ha estado
hemos estado
habéis estado
han estado

Pretérito imperfecto
estaba
estabas
estaba
estábamos
estabais
estaban

Pret. Pluscuamperfecto
había estado
habías estado
había estado
habíamos estado
habíais estado
habían estado

Pretérito indefinido
estuve
estuviste
estuvo
estuvimos
estuvisteis
estuvieron

Pretérito anterior
hube estado
hubiste estado
hubo estado
hubimos estado
hubisteis estado
hubieron estado

Futuro simple
estaré
estarás
estará
estaremos
estaréis
estarán

Futuro compuesto
habré estado
habrás estado
habrá estado
habremos estado
habréis estado
habrán estado

Condicional simple
estaría
estarías
estaría
estaríamos
estaríais
estarían

Condicional compuesto
habría estado
habrías estado
habría estado
habríamos estado
habríais estado
habrían estado

SUBJUNTIVO

Presente
esté
estés
esté
estemos
estéis
estén

Pretérito perfecto
haya estado
hayas estado
haya estado
hayamos estado
hayáis estado
hayan estado

Pretérito imperfecto
estuviera
estuvieras
estuviera
estuviéramos
estuvierais
estuvieran

estuviese
estuvieses
estuviese
estuviésemos
estuvieseis
estuviesen

Pret. Pluscuamperfecto
hubiera estado
hubieras estado
hubiera estado
hubiéramos estado
hubierais estado
hubieran estado

hubiese estado
hubieses estado
hubiese estado
hubiésemos estado
hubieseis estado
hubiesen estado

Futuro simple
estuviere
estuvieres
estuviere
estuviéremos
estuviereis
estuvieren

Futuro compuesto
hubiere estado
hubieres estado
hubiere estado
hubiéremos estado
hubiereis estado
hubieren estado

IMPERATIVO

está
esté
estemos
estad
estén

32 HABER

FORMAS NO PERSONALES

Infinitivo: haber
Gerundio: habiendo
Participio: habido

Infinitivo compuesto: haber habido
Gerundio compuesto: habiendo habido

INDICATIVO

Presente	Pretérito perfecto	
he	he	habido
has	has	habido
ha	ha	habido
habemos	hemos	habido
habéis	habéis	habido
han	han	habido

Pretérito imperfecto	Pret. Pluscuamperfecto	
había	había	habido
habías	habías	habido
había	había	habido
habíamos	habíamos	habido
habíais	habíais	habido
habían	habían	habido

Pretérito indefinido	Pretérito anterior	
hube	hube	habido
hubiste	hubiste	habido
hubo	hubo	habido
hubimos	hubimos	habido
hubisteis	hubisteis	habido
hubieron	hubieron	habido

Futuro simple	Futuro compuesto	
habré	habré	habido
habrás	habrás	habido
habrá	habrá	habido
habremos	habremos	habido
habréis	habréis	habido
habrán	habrán	habido

Condicional simple	Condicional compuesto	
habría	habría	habido
habrías	habrías	habido
habría	habría	habido
habríamos	habríamos	habido
habríais	habríais	habido
habrían	habrían	habido

SUBJUNTIVO

Presente	Pretérito perfecto	
haya	haya	habido
hayas	hayas	habido
haya	haya	habido
hayamos	hayamos	habido
hayáis	hayáis	habido
hayan	hayan	habido

Pretérito imperfecto	Pret. Pluscuamperfecto	
hubiera	hubiera	habido
hubieras	hubieras	habido
hubiera	hubiera	habido
hubiéramos	hubiéramos	habido
hubierais	hubierais	habido
hubieran	hubieran	habido
hubiese	hubiese	habido
hubieses	hubieses	habido
hubiese	hubiese	habido
hubiésemos	hubiésemos	habido
hubieseis	hubieseis	habido
hubiesen	hubiesen	habido

Futuro simple	Futuro compuesto	
hubiere	hubiere	habido
hubieres	hubieres	habido
hubiere	hubiere	habido
hubiéremos	hubiéremos	habido
hubiereis	hubiereis	habido
hubieren	hubieren	habido

IMPERATIVO

he
haya
hayamos
habed
hayan

33 HACER

FORMAS NO PERSONALES

Infinitivo: hacer
Gerundio: haciendo
Participio: hecho

Infinitivo compuesto: haber hecho
Gerundio compuesto: habiendo hecho

INDICATIVO

Presente
hago
haces
hace
hacemos
hacéis
hacen

Pretérito perfecto
he hecho
has hecho
ha hecho
hemos hecho
habéis hecho
han hecho

Pretérito imperfecto
hacía
hacías
hacía
hacíamos
hacíais
hacían

Pret. Pluscuamperfecto
había hecho
habías hecho
había hecho
habíamos hecho
habíais hecho
habían hecho

Pretérito indefinido
hice
hiciste
hizo
hicimos
hicisteis
hicieron

Pretérito anterior
hube hecho
hubiste hecho
hubo hecho
hubimos hecho
hubisteis hecho
hubieron hecho

Futuro simple
haré
harás
hará
haremos
haréis
harán

Futuro compuesto
habré hecho
habrás hecho
habrá hecho
habremos hecho
habréis hecho
habrán hecho

Condicional simple
haría
harías
haría
haríamos
haríais
harían

Condicional compuesto
habría hecho
habrías hecho
habría hecho
habríamos hecho
habríais hecho
habrían hecho

SUBJUNTIVO

Presente
haga
hagas
haga
hagamos
hagáis
hagan

Pretérito perfecto
haya hecho
hayas hecho
haya hecho
hayamos hecho
hayáis hecho
hayan hecho

Pretérito imperfecto
hiciera
hicieras
hiciera
hiciéramos
hicierais
hicieran

hiciese
hicieses
hiciese
hiciésemos
hicieseis
hiciesen

Pret. Pluscuamperfecto
hubiera hecho
hubieras hecho
hubiera hecho
hubiéramos hecho
hubierais hecho
hubieran hecho

hubiese hecho
hubieses hecho
hubiese hecho
hubiésemos hecho
hubieseis hecho
hubiesen hecho

Futuro simple
hiciere
hicieres
hiciere
hiciéremos
hiciereis
hicieren

Futuro compuesto
hubiere hecho
hubieres hecho
hubiere hecho
hubiéremos hecho
hubiereis hecho
hubieren hecho

IMPERATIVO

haz
haga
hagamos
haced
hagan

34 HUIR

FORMAS NO PERSONALES

Infinitivo: huir
Gerundio: huyendo
Participio: huido

Infinitivo compuesto: haber huido
Gerundio compuesto: habiendo huido

INDICATIVO

Presente
huyo
huyes
huye
huimos
huís
huyen

Pretérito perfecto
he huido
has huido
ha huido
hemos huido
habéis huido
han huido

Pretérito imperfecto
huía
huías
huía
huíamos
huíais
huían

Pret. Pluscuamperfecto
había huido
habías huido
había huido
habíamos huido
habíais huido
habían huido

Pretérito indefinido
hui
huiste
huyó
huimos
huisteis
huyeron

Pretérito anterior
hube huido
hubiste huido
hubo huido
hubimos huido
hubisteis huido
hubieron huido

Futuro simple
huiré
huirás
huirá
huiremos
huiréis
huirán

Futuro compuesto
habré huido
habrás huido
habrá huido
habremos huido
habréis huido
habrán huido

Condicional simple
huiría
huirías
huiría
huiríamos
huiríais
huirían

Condicional compuesto
habría huido
habrías huido
habría huido
habríamos huido
habríais huido
habrían huido

SUBJUNTIVO

Presente
huya
huyas
huya
huyamos
huyáis
huyan

Pretérito perfecto
haya huido
hayas huido
haya huido
hayamos huido
hayáis huido
hayan huido

Pretérito imperfecto
huyera
huyeras
huyera
huyéramos
huyerais
huyeran

Pret. Pluscuamperfecto
hubiera huido
hubieras huido
hubiera huido
hubiéramos huido
hubierais huido
hubieran huido

huyese
huyeses
huyese
huyésemos
huyeseis
huyesen

hubiese huido
hubieses huido
hubiese huido
hubiésemos huido
hubieseis huido
hubiesen huido

Futuro simple
huyere
huyeres
huyere
huyéremos
huyereis
huyeren

Futuro compuesto
hubiere huido
hubieres huido
hubiere huido
hubiéremos huido
hubiereis huido
hubieren huido

IMPERATIVO

huye
huya
huyamos
huid
huyan

35 IR

FORMAS NO PERSONALES

Infinitivo: ir
Gerundio: yendo
Participio: ido

Infinitivo compuesto: haber ido
Gerundio compuesto: habiendo ido

INDICATIVO

Presente	Pretérito perfecto
voy	he ido
vas	has ido
va	ha ido
vamos	hemos ido
vais	habéis ido
van	han ido

Pretérito imperfecto	Pret. Pluscuamperfecto
iba	había ido
ibas	habías ido
iba	había ido
íbamos	habíamos ido
ibais	habíais ido
iban	habían ido

Pretérito indefinido	Pretérito anterior
fui	hube ido
fuiste	hubiste ido
fue	hubo ido
fuimos	hubimos ido
fuisteis	hubisteis ido
fueron	hubieron ido

Futuro simple	Futuro compuesto
iré	habré ido
irás	habrás ido
irá	habrá ido
iremos	habremos ido
iréis	habréis ido
irán	habrán ido

Condicional simple	Condicional compuesto
iría	habría ido
irías	habrías ido
iría	habría ido
iríamos	habríamos ido
iríais	habríais ido
irían	habrían ido

SUBJUNTIVO

Presente	Pretérito perfecto
vaya	haya ido
vayas	hayas ido
vaya	haya ido
vayamos	hayamos ido
vayáis	hayáis ido
vayan	hayan ido

Pretérito imperfecto	Pret. Pluscuamperfecto
fuera	hubiera ido
fueras	hubieras ido
fuera	hubiera ido
fuéramos	hubiéramos ido
fuerais	hubierais ido
fueran	hubieran ido
fuese	hubiese ido
fueses	hubieses ido
fuese	hubiese ido
fuésemos	hubiésemos ido
fueseis	hubieseis ido
fuesen	hubiesen ido

Futuro simple	Futuro compuesto
fuere	hubiere ido
fueres	hubieres ido
fuere	hubiere ido
fuéremos	hubiéremos ido
fuereis	hubiereis ido
fueren	hubieren ido

IMPERATIVO

ve
vaya
vayamos
id
vayan

36 JUGAR

FORMAS NO PERSONALES

Infinitivo: jugar
Gerundio: jugando
Participio: jugado

Infinitivo compuesto: haber jugado
Gerundio compuesto: habiendo jugado

INDICATIVO

Presente
- juego
- juegas
- juega
- jugamos
- jugáis
- juegan

Pretérito perfecto
- he jugado
- has jugado
- ha jugado
- hemos jugado
- habéis jugado
- han jugado

Pretérito imperfecto
- jugaba
- jugabas
- jugaba
- jugábamos
- jugabais
- jugaban

Pret. Pluscuamperfecto
- había jugado
- habías jugado
- había jugado
- habíamos jugado
- habíais jugado
- habían jugado

Pretérito indefinido
- jugué
- jugaste
- jugó
- jugamos
- jugasteis
- jugaron

Pretérito anterior
- hube jugado
- hubiste jugado
- hubo jugado
- hubimos jugado
- hubisteis jugado
- hubieron jugado

Futuro simple
- jugaré
- jugarás
- jugará
- jugaremos
- jugaréis
- jugarán

Futuro compuesto
- habré jugado
- habrás jugado
- habrá jugado
- habremos jugado
- habréis jugado
- habrán jugado

Condicional simple
- jugaría
- jugarías
- jugaría
- jugaríamos
- jugaríais
- jugarían

Condicional compuesto
- habría jugado
- habrías jugado
- habría jugado
- habríamos jugado
- habríais jugado
- habrían jugado

SUBJUNTIVO

Presente
- juegue
- juegues
- juegue
- juguemos
- juguéis
- jueguen

Pretérito perfecto
- haya jugado
- hayas jugado
- haya jugado
- hayamos jugado
- hayáis jugado
- hayan jugado

Pretérito imperfecto
- jugara
- jugaras
- jugara
- jugáramos
- jugarais
- jugaran

Pret. Pluscuamperfecto
- hubiera jugado
- hubieras jugado
- hubiera jugado
- hubiéramos jugado
- hubierais jugado
- hubieran jugado

- jugase
- jugases
- jugase
- jugásemos
- jugaseis
- jugasen

- hubiese jugado
- hubieses jugado
- hubiese jugado
- hubiésemos jugado
- hubieseis jugado
- hubiesen jugado

Futuro simple
- jugare
- jugares
- jugare
- jugáremos
- jugareis
- jugaren

Futuro compuesto
- hubiere jugado
- hubieres jugado
- hubiere jugado
- hubiéremos jugado
- hubiereis jugado
- hubieren jugado

IMPERATIVO

- juega
- juegue
- juguemos
- jugad
- jueguen

37 LEER

FORMAS NO PERSONALES

Infinitivo: leer
Gerundio: leyendo
Participio: leído

Infinitivo compuesto: haber leído
Gerundio compuesto: habiendo leído

INDICATIVO

Presente
leo
lees
lee
leemos
leéis
leen

Pretérito perfecto
he leído
has leído
ha leído
hemos leído
habéis leído
han leído

Pretérito imperfecto
leía
leías
leía
leíamos
leíais
leían

Pret. Pluscuamperfecto
había leído
habías leído
había leído
habíamos leído
habíais leído
habían leído

Pretérito indefinido
leí
leíste
leyó
leímos
leísteis
leyeron

Pretérito anterior
hube leído
hubiste leído
hubo leído
hubimos leído
hubisteis leído
hubieron leído

Futuro simple
leeré
leerás
leerá
leeremos
leeréis
leerán

Futuro compuesto
habré leído
habrás leído
habrá leído
habremos leído
habréis leído
habrán leído

Condicional simple
leería
leerías
leería
leeríamos
leeríais
leerían

Condicional compuesto
habría leído
habrías leído
habría leído
habríamos leído
habríais leído
habrían leído

SUBJUNTIVO

Presente
lea
leas
lea
leamos
leáis
lean

Pretérito perfecto
haya leído
hayas leído
haya leído
hayamos leído
hayáis leído
hayan leído

Pretérito imperfecto
leyera
leyeras
leyera
leyéramos
leyerais
leyeran

Pret. Pluscuamperfecto
hubiera leído
hubieras leído
hubiera leído
hubiéramos leído
hubierais leído
hubieran leído

leyese
leyeses
leyese
leyésemos
leyeseis
leyesen

hubiese leído
hubieses leído
hubiese leído
hubiésemos leído
hubieseis leído
hubiesen leído

Futuro simple
leyere
leyeres
leyere
leyéremos
leyereis
leyeren

Futuro compuesto
hubiere leído
hubieres leído
hubiere leído
hubiéremos leído
hubiereis leído
hubieren leído

IMPERATIVO

lee
lea
leamos
leed
lean

38 LICUAR

FORMAS NO PERSONALES

Infinitivo: licuar
Gerundio: licuando
Participio: licuado

Infinitivo compuesto: haber licuado
Gerundio compuesto: habiendo licuado

INDICATIVO

Presente
licuo o licúo
licuas o licúas
licua o licúa
licuamos
licuáis
licuan o licúan

Pretérito perfecto
he licuado
has licuado
ha licuado
hemos licuado
habéis licuado
han licuado

Pretérito imperfecto
licuaba
licuabas
licuaba
licuábamos
licuabais
licuaban

Pret. Pluscuamperfecto
había licuado
habías licuado
había icuado
habíamos licuado
habíais licuado
habían licuado

Pretérito indefinido
licué
licuaste
licuó
licuamos
licuasteis
licuaron

Pretérito anterior
hube licuado
hubiste licuado
hubo licuado
hubimos licuado
hubisteis licuado
hubieron licuado

Futuro simple
licuaré
licuarás
licuará
licuaremos
licuaréis
licuarán

Futuro compuesto
habré licuado
habrás licuado
habrá licuado
habremos licuado
habréis licuado
habrán licuado

Condicional simple
licuaría
licuarías
licuaría
licuaríamos
licuaríais
licuarían

Condicional compuesto
habría licuado
habrías licuado
habría licuado
habríamos licuado
habríais licuado
habrían licuado

SUBJUNTIVO

Presente
licue o licúe
licues o licúes
licue o licúe
licuemos
licuéis
licuen o licúen

Pretérito perfecto
haya licuado
hayas licuado
haya licuado
hayamos licuado
hayáis licuado
hayan licuado

Pretérito imperfecto
licuara
licuaras
licuara
licuáramos
licuarais
licuaran

Pret. Pluscuamperfecto
hubiera licuado
hubieras licuado
hubiera licuado
hubiéramos licuado
hubierais licuado
hubieran licuado

licuase
licuases
licuase
licuásemos
licuaseis
licuasen

hubiese licuado
hubieses licuado
hubiese licuado
hubiésemos licuado
hubieseis licuado
hubiesen licuado

Futuro simple
licuare
licuares
licuare
licuáremos
licuareis
licuaren

Futuro compuesto
hubiere licuado
hubieres licuado
hubiere licuado
hubiéremos licuado
hubiereis licuado
hubieren licuado

IMPERATIVO

licua o licúa
licue o licúe
licuemos
licuad
licuen o licúen

39 LUCIR

FORMAS NO PERSONALES

Infinitivo: lucir
Gerundio: luciendo
Participio: lucido

Infinitivo compuesto: haber lucido
Gerundio compuesto: habiendo lucido

INDICATIVO

Presente
luzco
luces
luce
lucimos
lucís
lucen

Pretérito perfecto
he lucido
has lucido
ha lucido
hemos lucido
habéis lucido
han lucido

Pretérito imperfecto
lucía
lucías
lucía
lucíamos
lucíais
lucían

Pret. Pluscuamperfecto
había lucido
habías lucido
había lucido
habíamos lucido
habíais lucido
habían lucido

Pretérito indefinido
lucí
luciste
lució
lucimos
lucisteis
lucieron

Pretérito anterior
hube lucido
hubiste lucido
hubo lucido
hubimos lucido
hubisteis lucido
hubieron lucido

Futuro simple
luciré
lucirás
lucirá
luciremos
luciréis
lucirán

Futuro compuesto
habré lucido
habrás lucido
habrá lucido
habremos lucido
habréis lucido
habrán lucido

Condicional simple
luciría
lucirías
luciría
luciríamos
luciríais
lucirían

Condicional compuesto
habría lucido
habrías lucido
habría lucido
habríamos lucido
habríais lucido
habrían lucido

SUBJUNTIVO

Presente
luzca
luzcas
luzca
luzcamos
luzcáis
luzcan

Pretérito perfecto
haya lucido
hayas lucido
haya lucido
hayamos lucido
hayáis lucido
hayan lucido

Pretérito imperfecto
luciera
lucieras
luciera
luciéramos
lucierais
lucieran

Pret. Pluscuamperfecto
hubiera lucido
hubieras lucido
hubiera lucido
hubiéramos lucido
hubierais lucido
hubieran lucido

luciese
lucieses
luciese
luciésemos
lucieseis
luciesen

hubiese lucido
hubieses lucido
hubiese lucido
hubiésemos lucido
hubieseis lucido
hubiesen lucido

Futuro simple
luciere
lucieres
luciere
luciéremos
luciereis
lucieren

Futuro compuesto
hubiere lucido
hubieres lucido
hubiere lucido
hubiéremos lucido
hubiereis lucido
hubieren lucido

IMPERATIVO

luce
luzca
luzcamos
lucid
luzcan

40 MOVER

FORMAS NO PERSONALES

Infinitivo: mover
Gerundio: moviendo
Participio: movido

Infinitivo compuesto: haber movido
Gerundio compuesto: habiendo movido

INDICATIVO

Presente
muevo
mueves
mueve
movemos
movéis
mueven

Pretérito perfecto
he movido
has movido
ha movido
hemos movido
habéis movido
han movido

Pretérito imperfecto
movía
movías
movía
movíamos
movíais
movían

Pret. Pluscuamperfecto
había movido
habías movido
había movido
habíamos movido
habíais movido
habían movido

Pretérito indefinido
moví
moviste
movió
movimos
movisteis
movieron

Pretérito anterior
hube movido
hubiste movido
hubo movido
hubimos movido
hubisteis movido
hubieron movido

Futuro simple
moveré
moverás
moverá
moveremos
moveréis
moverán

Futuro compuesto
habré movido
habrás movido
habrá movido
habremos movido
habréis movido
habrán movido

Condicional simple
movería
moverías
movería
moveríamos
moveríais
moverían

Condicional compuesto
habría movido
habrías movido
habría movido
habríamos movido
habríais movido
habrían movido

SUBJUNTIVO

Presente
mueva
muevas
mueva
movamos
mováis
muevan

Pretérito perfecto
haya movido
hayas movido
haya movido
hayamos movido
hayáis movido
hayan movido

Pretérito imperfecto
moviera
movieras
moviera
moviéramos
movierais
movieran

Pret. Pluscuamperfecto
hubiera movido
hubieras movido
hubiera movido
hubiéramos movido
hubierais movido
hubieran movido

moviese
movieses
moviese
moviésemos
movieseis
moviesen

hubiese movido
hubieses movido
hubiese movido
hubiésemos movido
hubieseis movido
hubiesen movido

Futuro simple
moviere
movieres
moviere
moviéremos
moviereis
movieren

Futuro compuesto
hubiere movido
hubieres movido
hubiere movido
hubiéremos movido
hubiereis movido
hubieren movido

IMPERATIVO

mueve
mueva
movamos
moved
muevan

41 MULLIR

FORMAS NO PERSONALES

Infinitivo: mullir
Gerundio: mullendo
Participio: mullido

Infinitivo compuesto: haber mullido
Gerundio compuesto: habiendo mullido

INDICATIVO

Presente
- mullo
- mulles
- mulle
- mullimos
- mullís
- mullen

Pretérito perfecto
- he mullido
- has mullido
- ha mullido
- hemos mullido
- habéis mullido
- han mullido

Pretérito imperfecto
- mullía
- mullías
- mullía
- mullíamos
- mullíais
- mullían

Pret. Pluscuamperfecto
- había mullido
- habías mullido
- había mullido
- habíamos mullido
- habíais mullido
- habían mullido

Pretérito indefinido
- mullí
- mulliste
- mulló
- mullimos
- mullisteis
- mulleron

Pretérito anterior
- hube mullido
- hubiste mullido
- hubo mullido
- hubimos mullido
- hubisteis mullido
- hubieron mullido

Futuro simple
- mulliré
- mullirás
- mullirá
- mulliremos
- mulliréis
- mullirán

Futuro compuesto
- habré mullido
- habrás mullido
- habrá mullido
- habremos mullido
- habréis mullido
- habrán mullido

Condicional simple
- mulliría
- mullirías
- mulliría
- mulliríamos
- mulliríais
- mullirían

Condicional compuesto
- habría mullido
- habrías mullido
- habría mullido
- habríamos mullido
- habríais mullido
- habrían mullido

SUBJUNTIVO

Presente
- mulla
- mullas
- mulla
- mullamos
- mulláis
- mullan

Pretérito perfecto
- haya mullido
- hayas mullido
- haya mullido
- hayamos mullido
- hayáis mullido
- hayan mullido

Pretérito imperfecto
- mullera
- mulleras
- mullera
- mulléramos
- mullerais
- mulleran

Pret. Pluscuamperfecto
- hubiera mullido
- hubieras mullido
- hubiera mullido
- hubiéramos mullido
- hubierais mullido
- hubieran mullido

- mullese
- mulleses
- mullese
- mullésemos
- mulleseis
- mullesen

- hubiese mullido
- hubieses mullido
- hubiese mullido
- hubiésemos mullido
- hubieseis mullido
- hubiesen mullido

Futuro simple
- mullere
- mulleres
- mullere
- mulléremos
- mullereis
- mulleren

Futuro compuesto
- hubiere mullido
- hubieres mullido
- hubiere mullido
- hubiéremos mullido
- hubiereis mullido
- hubieren mullido

IMPERATIVO

- mulle
- mulla
- mullamos
- mullid
- mullan

42 NACER

FORMAS NO PERSONALES

Infinitivo: nacer
Gerundio: naciendo
Participio: nacido

Infinitivo compuesto: haber nacido
Gerundio compuesto: habiendo nacido

INDICATIVO

Presente
nazco
naces
nace
nacemos
nacéis
nacen

Pretérito perfecto
he nacido
has nacido
ha nacido
hemos nacido
habéis nacido
han nacido

Pretérito imperfecto
nacía
nacías
nacía
nacíamos
nacíais
nacían

Pret. Pluscuamperfecto
había nacido
habías nacido
había nacido
habíamos nacido
habíais nacido
habían nacido

Pretérito indefinido
nací
naciste
nació
nacimos
nacisteis
nacieron

Pretérito anterior
hube nacido
hubiste nacido
hubo nacido
hubimos nacido
hubisteis nacido
hubieron nacido

Futuro simple
naceré
nacerás
nacerá
naceremos
naceréis
nacerán

Futuro compuesto
habré nacido
habrás nacido
habrá nacido
habremos nacido
habréis nacido
habrán nacido

Condicional simple
nacería
nacerías
nacería
naceríamos
naceríais
nacerían

Condicional compuesto
habría nacido
habrías nacido
habría nacido
habríamos nacido
habríais nacido
habrían nacido

SUBJUNTIVO

Presente
nazca
nazcas
nazca
nazcamos
nazcáis
nazcan

Pretérito perfecto
haya nacido
hayas nacido
haya nacido
hayamos nacido
hayáis nacido
hayan nacido

Pretérito imperfecto
naciera
nacieras
naciera
naciéramos
nacierais
nacieran

Pret. Pluscuamperfecto
hubiera nacido
hubieras nacido
hubiera nacido
hubiéramos nacido
hubierais nacido
hubieran nacido

naciese
nacieses
naciese
naciésemos
nacieseis
naciesen

hubiese nacido
hubieses nacido
hubiese nacido
hubiésemos nacido
hubieseis nacido
hubiesen nacido

Futuro simple
naciere
nacieres
naciere
naciéremos
naciereis
nacieren

Futuro compuesto
hubiere nacido
hubieres nacido
hubiere nacido
hubiéremos nacido
hubiereis nacido
hubieren nacido

IMPERATIVO
nace
nazca
nazcamos
naced
nazcan

43 OÍR

FORMAS NO PERSONALES

Infinitivo: oír
Gerundio: oyendo
Participio: oído

Infinitivo compuesto: haber oído
Gerundio compuesto: habiendo oído

INDICATIVO

Presente
oigo
oyes
oímos
oís
oyen

Pretérito imperfecto
oía
oías
oía
oíamos
oíais
oían

Pretérito indefinido
oí
oíste
oyó
oímos
oísteis
oyeron

Futuro simple
oiré
oirás
oirá
oiremos
oiréis
oirán

Condicional simple
oiría
oirías
oiría
oiríamos
oiríais
oirían

Pretérito perfecto
he oído
has oído
ha oído
hemos oído
habéis oído
han oído

Pret. Pluscuamperfecto
había oído
habías oído
había oído
habíamos oído
habíais oído
habían oído

Pretérito anterior
hube oído
hubiste oído
hubo oído
hubimos oído
hubisteis oído
hubieron oído

Futuro compuesto
habré oído
habrás oído
habrá oído
habremos oído
habréis oído
habrán oído

Condicional compuesto
habría oído
habrías oído
habría oído
habríamos oído
habríais oído
habrían oído

SUBJUNTIVO

Presente
oiga
oigas
oiga
oigamos
oigáis
oigan

Pretérito imperfecto
oyera
oyeras
oyera
oyéramos
oyerais
oyeran

oyese
oyeses
oyese
oyésemos
oyeseis
oyesen

Futuro simple
oyere
oyeres
oyere
oyéremos
oyereis
oyeren

Pretérito perfecto
haya oído
hayas oído
haya oído
hayamos oído
hayáis oído
hayan oído

Pret. Pluscuamperfecto
hubiera oído
hubieras oído
hubiera oído
hubiéramos oído
hubierais oído
hubieran oído

hubiese oído
hubieses oído
hubiese oído
hubiésemos oído
hubieseis oído
hubiesen oído

Futuro compuesto
hubiere oído
hubieres oído
hubiere oído
hubiéremos oído
hubiereis oído
hubieren oído

IMPERATIVO

oye
oiga
oigamos
oíd
oigan

44 OLER

FORMAS NO PERSONALES

Infinitivo: oler
Gerundio: oliendo
Participio: olido

Infinitivo compuesto: haber olido
Gerundio compuesto: habiendo olido

INDICATIVO

Presente		Pretérito perfecto	
huelo		he	olido
hueles		has	olido
huele		ha	olido
olemos		hemos	olido
oléis		habéis	olido
huelen		han	olido

Pretérito imperfecto		Pret. Pluscuamperfecto	
olía		había	olido
olías		habías	olido
olía		había	olido
olíamos		habíamos	olido
olíais		habíais	olido
olían		habían	olido

Pretérito indefinido		Pretérito anterior	
olí		hube	olido
oliste		hubiste	olido
olió		hubo	olido
olimos		hubimos	olido
olisteis		hubisteis	olido
olieron		hubieron	olido

Futuro simple		Futuro compuesto	
oleré		habré	olido
olerás		habrás	olido
olerá		habrá	olido
oleremos		habremos	olido
oleréis		habréis	olido
olerán		habrán	olido

Condicional simple		Condicional compuesto	
olería		habría	olido
olerías		habrías	olido
olería		habría	olido
oleríamos		habríamos	olido
oleríais		habríais	olido
olerían		habrían	olido

SUBJUNTIVO

Presente		Pretérito perfecto	
huela		haya	olido
huelas		hayas	olido
huela		haya	olido
olamos		hayamos	olido
oláis		hayáis	olido
huelan		hayan	olido

Pretérito imperfecto		Pret. Pluscuamperfecto	
oliera		hubiera	olido
olieras		hubieras	olido
oliera		hubiera	olido
oliéramos		hubiéramos	olido
olierais		hubierais	olido
olieran		hubieran	olido
oliese		hubiese	olido
olieses		hubieses	olido
oliese		hubiese	olido
oliésemos		hubiésemos	olido
olieseis		hubieseis	olido
oliesen		hubiesen	olido

Futuro simple		Futuro compuesto	
oliere		hubiere	olido
olieres		hubieres	olido
oliere		hubiere	olido
oliéremos		hubiéremos	olido
oliereis		hubiereis	olido
olieren		hubieren	olido

IMPERATIVO

huele
huela
olamos
oled
huelan

45 PARECER

FORMAS NO PERSONALES

Infinitivo: parecer
Gerundio: pareciendo
Participio: parecido

Infinitivo compuesto: haber parecido
Gerundio compuesto: habiendo parecido

INDICATIVO

Presente
parezco
pareces
parece
parecemos
parecéis
parecen

Pretérito perfecto
he parecido
has parecido
ha parecido
hemos parecido
habéis parecido
han parecido

Pretérito imperfecto
parecía
parecías
parecía
parecíamos
parecíais
parecían

Pret. Pluscuamperfecto
había parecido
habías parecido
había parecido
habíamos parecido
habíais parecido
habían parecido

Pretérito indefinido
parecí
pareciste
pareció
parecimos
parecisteis
parecieron

Pretérito anterior
hube parecido
hubiste parecido
hubo parecido
hubimos parecido
hubisteis parecido
hubieron parecido

Futuro simple
pareceré
parecerás
parecerá
pareceremos
pareceréis
parecerán

Futuro compuesto
habré parecido
habrás parecido
habrá parecido
habremos parecido
habréis parecido
habrán parecido

Condicional simple
parecería
parecerías
parecería
pareceríamos
pareceríais
parecerían

Condicional compuesto
habría parecido
habrías parecido
habría parecido
habríamos parecido
habríais parecido
habrían parecido

SUBJUNTIVO

Presente
parezca
parezcas
parezca
parezcamos
parezcáis
parezcan

Pretérito perfecto
haya parecido
hayas parecido
haya parecido
hayamos parecido
hayáis parecido
hayan parecido

Pretérito imperfecto
pareciera
parecieras
pareciera
pareciéramos
parecierais
parecieran

pareciese
parecieses
pareciese
pareciésemos
parecieseis
pareciesen

Pret. Pluscuamperfecto
hubiera parecido
hubieras parecido
hubiera parecido
hubiéramos parecido
hubierais parecido
hubieran parecido

hubiese parecido
hubieses parecido
hubiese parecido
hubiésemos parecido
hubieseis parecido
hubiesen parecido

Futuro simple
pareciere
parecieres
pareciere
pareciéremos
pareciereis
parecieren

Futuro compuesto
hubiere parecido
hubieres parecido
hubiere parecido
hubiéremos parecido
hubiereis parecido
hubieren parecido

IMPERATIVO

parece
parezca
parezcamos
pareced
parezcan

46 PEDIR

FORMAS NO PERSONALES

Infinitivo: pedir
Gerundio: pidiendo
Participio: pedido

Infinitivo compuesto: haber pedido
Gerundio compuesto: habiendo pedido

INDICATIVO

Presente
pido
pides
pide
pedimos
pedís
piden

Pretérito perfecto
he pedido
has pedido
ha pedido
hemos pedido
habéis pedido
han pedido

Pretérito imperfecto
pedía
pedías
pedía
pedíamos
pedíais
pedían

Pret. Pluscuamperfecto
había pedido
habías pedido
había pedido
habíamos pedido
habíais pedido
habían pedido

Pretérito indefinido
pedí
pediste
pidió
pedimos
pedisteis
pidieron

Pretérito anterior
hube pedido
hubiste pedido
hubo pedido
hubimos pedido
hubisteis pedido
hubieron pedido

Futuro simple
pediré
pedirás
pedirá
pediremos
pediréis
pedirán

Futuro compuesto
habré pedido
habrás pedido
habrá pedido
habremos pedido
habréis pedido
habrán pedido

Condicional simple
pediría
pedirías
pediría
pediríamos
pediríais
pedirían

Condicional compuesto
habría pedido
habrías pedido
habría pedido
habríamos pedido
habríais pedido
habrían pedido

SUBJUNTIVO

Presente
pida
pidas
pida
pidamos
pidáis
pidan

Pretérito perfecto
haya pedido
hayas pedido
haya pedido
hayamos pedido
hayáis pedido
hayan pedido

Pretérito imperfecto
pidiera
pidieras
pidiera
pidiéramos
pidierais
pidieran

Pret. Pluscuamperfecto
hubiera pedido
hubieras pedido
hubiera pedido
hubiéramos pedido
hubierais pedido
hubieran pedido

pidiese
pidieses
pidiese
pidiésemos
pidieseis
pidiesen

hubiese pedido
hubieses pedido
hubiese pedido
hubiésemos pedido
hubieseis pedido
hubiesen pedido

Futuro simple
pidiere
pidieres
pidiere
pidiéremos
pidiereis
pidieren

Futuro compuesto
hubiere pedido
hubieres pedido
hubiere pedido
hubiéremos pedido
hubiereis pedido
hubieren pedido

IMPERATIVO

pide
pida
pidamos
pedid
pidan

47 PEINAR

FORMAS NO PERSONALES

Infinitivo: peinar **Infinitivo compuesto:** haber peinado
Gerundio: peinando **Gerundio compuesto:** habiendo peinado
Participio: peinado

INDICATIVO

Presente
peino
peinas
peina
peinamos
peináis
peinan

Pretérito perfecto
he peinado
has peinado
ha peinado
hemos peinado
habéis peinado
han peinado

Pretérito imperfecto
peinaba
peinabas
peinaba
peinábamos
peinabais
peinaban

Pret. Pluscuamperfecto
había peinado
habías peinado
había peinado
habíamos peinado
habíais peinado
habían peinado

Pretérito indefinido
peiné
peinaste
peinó
peinamos
peinasteis
peinaron

Pretérito anterior
hube peinado
hubiste peinado
hubo peinado
hubimos peinado
hubisteis peinado
hubieron peinado

Futuro simple
peinaré
peinarás
peinará
peinaremos
peinaréis
peinarán

Futuro compuesto
habré peinado
habrás peinado
habrá peinado
habremos peinado
habréis peinado
habrán peinado

Condicional simple
peinaría
peinarías
peinaría
peinaríamos
peinaríais
peinarían

Condicional compuesto
habría peinado
habrías peinado
habría peinado
habríamos peinado
habríais peinado
habrían peinado

SUBJUNTIVO

Presente
peine
peines
peine
peinemos
peinéis
peinen

Pretérito perfecto
haya peinado
hayas peinado
haya peinado
hayamos peinado
hayáis peinado
hayan peinado

Pretérito imperfecto
peinara
peinaras
peinara
peináramos
peinarais
peinaran

Pret. Pluscuamperfecto
hubiera peinado
hubieras peinado
hubiera peinado
hubiéramos peinado
hubierais peinado
hubieran peinado

peinase
peinases
peinase
peinásemos
peinaseis
peinasen

hubiese peinado
hubieses peinado
hubiese peinado
hubiésemos peinado
hubieseis peinado
hubiesen peinado

Futuro simple
peinare
peinares
peinare
peináremos
peinareis
peinaren

Futuro compuesto
hubiere peinado
hubieres peinado
hubiere peinado
hubiéremos peinado
hubiereis peinado
hubieren peinado

IMPERATIVO
peina
peine
peinemos
peinad
peinen

48 PERDER

FORMAS NO PERSONALES

Infinitivo: perder
Gerundio: perdiendo
Participio: perdido

Infinitivo compuesto: haber perdido
Gerundio compuesto: habiendo perdido

INDICATIVO

Presente
pierdo
pierdes
pierde
perdemos
perdéis
pierden

Pretérito perfecto
he perdido
has perdido
ha perdido
hemos perdido
habéis perdido
han perdido

Pretérito imperfecto
perdía
perdías
perdía
perdíamos
perdíais
perdían

Pret. Pluscuamperfecto
había perdido
habías perdido
había perdido
habíamos perdido
habíais perdido
habían perdido

Pretérito indefinido
perdí
perdiste
perdió
perdimos
perdisteis
perdieron

Pretérito anterior
hube perdido
hubiste perdido
hubo perdido
hubimos perdido
hubisteis perdido
hubieron perdido

Futuro simple
perderé
perderás
perderá
perderemos
perderéis
perderán

Futuro compuesto
habré perdido
habrás perdido
habrá perdido
habremos perdido
habréis perdido
habrán perdido

Condicional simple
perdería
perderías
perdería
perderíamos
perderíais
perderían

Condicional compuesto
habría perdido
habrías perdido
habría perdido
habríamos perdido
habríais perdido
habrían perdido

SUBJUNTIVO

Presente
pierda
pierdas
pierda
perdamos
perdáis
pierdan

Pretérito perfecto
haya perdido
hayas perdido
haya perdido
hayamos perdido
hayáis perdido
hayan perdido

Pretérito imperfecto
perdiera
perdieras
perdiera
perdiéramos
perdierais
perdieran

Pret. Pluscuamperfecto
hubiera perdido
hubieras perdido
hubiera perdido
hubiéramos perdido
hubierais perdido
hubieran perdido

perdiese
perdieses
perdiese
perdiésemos
perdieseis
perdiesen

hubiese perdido
hubieses perdido
hubiese perdido
hubiésemos perdido
hubieseis perdido
hubiesen perdido

Futuro simple
perdiere
perdieres
perdiere
perdiéremos
perdiereis
perdieren

Futuro compuesto
hubiere perdido
hubieres perdido
hubiere perdido
hubiéremos perdido
hubiereis perdido
hubieren perdido

IMPERATIVO

pierde
pierda
perdamos
perded
pierdan

49 PLACER

FORMAS NO PERSONALES

Infinitivo: placer
Gerundio: placiendo
Participio: placido

Infinitivo compuesto: haber placido
Gerundio compuesto: habiendo placido

INDICATIVO

Presente
plazco
places
place
placemos
placéis
placen

Pretérito perfecto
he placido
has placido
ha placido
hemos placido
habéis placido
han placido

Pretérito imperfecto
placía
placías
placía
placíamos
placíais
placían

Pret. Pluscuamperfecto
había placido
habías placido
había placido
habíamos placido
habíais placido
habían placido

Pretérito indefinido
plací
placiste
plació o plugo
placimos
placisteis
placieron o pluguieron

Pretérito anterior
hube placido
hubiste placido
hubo placido
hubimos placido
hubisteis placido
hubieron placido

Futuro simple
placeré
placerás
placerá
placeremos
placeréis
placerán

Futuro compuesto
habré placido
habrás placido
habrá placido
habremos placido
habréis placido
habrán placido

Condicional simple
placería
placerías
placería
placeríamos
placeríais
placerían

Condicional compuesto
habría placido
habrías placido
habría placido
habríamos placido
habríais placido
habrían placido

SUBJUNTIVO

Presente
plazca
plazcas
plazca o plegue o plega
plazcamos
plazcáis
plazcan

Pretérito perfecto
haya placido
hayas placido
haya placido
hayamos placido
hayáis placido
hayan placido

Pretérito imperfecto
placiera o pluguiera
placieras o pluguieras
placiera o pluguiera
placiéramos o pluguiéramos
placierais o pluguierais
placieran o pluguieran

Pret. Pluscuamperfecto
hubiera placido
hubieras placido
hubiera placido
hubiéramos placido
hubierais placido
hubieran placido

placiese o pluguiese
placieses o pluguieses
placiese o pluguiese
placiésemos o pluguiésemos
placieseis o pluguieseis
placiesen o pluguiesen

hubiese placido
hubieses placido
hubiese placido
hubiésemos placido
hubieseis placido
hubiesen placido

Futuro simple
placiere o pluguiere
placieres o pluguieres
placiere o pluguiere
placiéremos o pluguiéremos
placiereis o pluguiereis
placieren o pluguieren

Futuro compuesto
hubiere placido
hubieres placido
hubiere placido
hubiéremos placido
hubiereis placido
hubieren placido

IMPERATIVO

place
plazca
plazcamos
placed
plazcan

50 PODER

FORMAS NO PERSONALES

Infinitivo: poder
Gerundio: pudiendo
Participio: podido

Infinitivo compuesto: haber podido
Gerundio compuesto: habiendo podido

INDICATIVO

Presente
puedo
puedes
puede
podemos
podéis
pueden

Pretérito perfecto
he podido
has podido
ha podido
hemos podido
habéis podido
han podido

Pretérito imperfecto
podía
podías
podía
podíamos
podíais
podían

Pret. Pluscuamperfecto
había podido
habías podido
había podido
habíamos podido
habíais podido
habían podido

Pretérito indefinido
pude
pudiste
pudo
pudimos
pudisteis
pudieron

Pretérito anterior
hube podido
hubiste podido
hubo podido
hubimos podido
hubisteis podido
hubieron podido

Futuro simple
podré
podrás
podrá
podremos
podréis
podrán

Futuro compuesto
habré podido
habrás podido
habrá podido
habremos podido
habréis podido
habrán podido

Condicional simple
podría
podrías
podría
podríamos
podríais
podrían

Condicional compuesto
habría podido
habrías podido
habría podido
habríamos podido
habríais podido
habrían podido

SUBJUNTIVO

Presente
pueda
puedas
pueda
podamos
podáis
puedan

Pretérito perfecto
haya podido
hayas podido
haya podido
hayamos podido
hayáis podido
hayan podido

Pretérito imperfecto
pudiera
pudieras
pudiera
pudiéramos
pudierais
pudieran

Pret. Pluscuamperfecto
hubiera podido
hubieras podido
hubiera podido
hubiéramos podido
hubierais podido
hubieran podido

pudiese
pudieses
pudiese
pudiésemos
pudieseis
pudiesen

hubiese podido
hubieses podido
hubiese podido
hubiésemos podido
hubieseis podido
hubiesen podido

Futuro simple
pudiere
pudieres
pudiere
pudiéremos
pudiereis
pudieren

Futuro compuesto
hubiere podido
hubieres podido
hubiere podido
hubiéremos podido
hubiereis podido
hubieren podido

IMPERATIVO

puede
pueda
podamos
poded
puedan

51 PONER

FORMAS NO PERSONALES

Infinitivo: poner
Gerundio: poniendo
Participio: puesto

Infinitivo compuesto: haber puesto
Gerundio compuesto: habiendo puesto

INDICATIVO

Presente
- pongo
- pones
- pone
- ponemos
- ponéis
- ponen

Pretérito perfecto
- he puesto
- has puesto
- ha puesto
- hemos puesto
- habéis puesto
- han puesto

Pretérito imperfecto
- ponía
- ponías
- ponía
- poníamos
- poníais
- ponían

Pret. Pluscuamperfecto
- había puesto
- habías puesto
- había puesto
- habíamos puesto
- habíais puesto
- habían puesto

Pretérito indefinido
- puse
- pusiste
- puso
- pusimos
- pusisteis
- pusieron

Pretérito anterior
- hube puesto
- hubiste puesto
- hubo puesto
- hubimos puesto
- hubisteis puesto
- hubieron puesto

Futuro simple
- pondré
- pondrás
- pondrá
- pondremos
- pondréis
- pondrán

Futuro compuesto
- habré puesto
- habrás puesto
- habrá puesto
- habremos puesto
- habréis puesto
- habrán puesto

Condicional simple
- pondría
- pondrías
- pondría
- pondríamos
- pondríais
- pondrían

Condicional compuesto
- habría puesto
- habrías puesto
- habría puesto
- habríamos puesto
- habríais puesto
- habrían puesto

SUBJUNTIVO

Presente
- ponga
- pongas
- ponga
- pongamos
- pongáis
- pongan

Pretérito perfecto
- haya puesto
- hayas puesto
- haya puesto
- hayamos puesto
- hayáis puesto
- hayan puesto

Pretérito imperfecto
- pusiera
- pusieras
- pusiera
- pusiéramos
- pusierais
- pusieran

Pret. Pluscuamperfecto
- hubiera puesto
- hubieras puesto
- hubiera puesto
- hubiéramos puesto
- hubierais puesto
- hubieran puesto

- pusiese
- pusieses
- pusiese
- pusiésemos
- pusieseis
- pusiesen

- hubiese puesto
- hubieses puesto
- hubiese puesto
- hubiésemos puesto
- hubieseis puesto
- hubiesen puesto

Futuro simple
- pusiere
- pusieres
- pusiere
- pusiéremos
- pusiereis
- pusieren

Futuro compuesto
- hubiere puesto
- hubieres puesto
- hubiere puesto
- hubiéremos puesto
- hubiereis puesto
- hubieren puesto

IMPERATIVO

- pon
- ponga
- pongamos
- poned
- pongan

52 PREDECIR

FORMAS NO PERSONALES

Infinitivo: predecir
Gerundio: prediciendo
Participio: predicho

Infinitivo compuesto: haber predicho
Gerundio compuesto: habiendo predicho

INDICATIVO

Presente
predigo
predices
predice
predecimos
predecís
predicen

Pretérito perfecto
he predicho
has predicho
ha predicho
hemos predicho
habéis predicho
han predicho

Pretérito imperfecto
predecía
predecías
predecía
predecíamos
predecíais
predecían

Pret. Pluscuamperfecto
había predicho
habías predicho
había predicho
habíamos predicho
habíais predicho
habían predicho

Pretérito indefinido
predije
predijiste
predijo
predijimos
predijisteis
predijeron

Pretérito anterior
hube predicho
hubiste predicho
hubo predicho
hubimos predicho
hubisteis predicho
hubieron predicho

Futuro simple
predeciré
predecirás
predecirá
predeciremos
predeciréis
predecirán

Futuro compuesto
habré predicho
habrás predicho
habrá predicho
habremos predicho
habréis predicho
habrán predicho

Condicional simple
predeciría
predecirías
predeciría
predeciríamos
predeciríais
predecirían

Condicional compuesto
habría predicho
habrías predicho
habría predicho
habríamos predicho
habríais predicho
habrían predicho

SUBJUNTIVO

Presente
prediga
predigas
prediga
predigamos
predigáis
predigan

Pretérito perfecto
haya predicho
hayas predicho
haya predicho
hayamos predicho
hayáis predicho
hayan predicho

Pretérito imperfecto
predijera
predijeras
predijera
predijéramos
predijerais
predijeran

Pret. Pluscuamperfecto
hubiera predicho
hubieras predicho
hubiera predicho
hubiéramos predicho
hubierais predicho
hubieran predicho

predijese
predijeses
predijese
predijésemos
predijeseis
predijesen

hubiese predicho
hubieses predicho
hubiese predicho
hubiésemos predicho
hubieseis predicho
hubiesen predicho

Futuro simple
predijere
predijeres
predijere
predijéremos
predijereis
predijeren

Futuro compuesto
hubiere predicho
hubieres predicho
hubiere predicho
hubiéremos predicho
hubiereis predicho
hubieren predicho

IMPERATIVO

predice
prediga
predigamos
predecid
predigan

53 PROHIBIR

FORMAS NO PERSONALES

Infinitivo: prohibir
Gerundio: prohibiendo
Participio: prohibido

Infinitivo compuesto: haber prohibido
Gerundio compuesto: habiendo prohibido

INDICATIVO

Presente
- prohíbo
- prohíbes
- prohíbe
- prohibimos
- prohibís
- prohíben

Pretérito perfecto
- he prohibido
- has prohibido
- ha prohibido
- hemos prohibido
- habéis prohibido
- han prohibido

Pretérito imperfecto
- prohibía
- prohibías
- prohibía
- prohibíamos
- prohibíais
- prohibían

Pret. Pluscuamperfecto
- había prohibido
- habías prohibido
- había prohibido
- habíamos prohibido
- habíais prohibido
- habían prohibido

Pretérito indefinido
- prohibí
- prohibiste
- prohibió
- prohibimos
- prohibisteis
- prohibieron

Pretérito anterior
- hube prohibido
- hubiste prohibido
- hubo prohibido
- hubimos prohibido
- hubisteis prohibido
- hubieron prohibido

Futuro simple
- prohibiré
- prohibirás
- prohibirá
- prohibiremos
- prohibiréis
- prohibirán

Futuro compuesto
- habré prohibido
- habrás prohibido
- habrá prohibido
- habremos prohibido
- habréis prohibido
- habrán prohibido

Condicional simple
- prohibiría
- prohibirías
- prohibiría
- prohibiríamos
- prohibiríais
- prohibirían

Condicional compuesto
- habría prohibido
- habrías prohibido
- habría prohibido
- habríamos prohibido
- habríais prohibido
- habrían prohibido

SUBJUNTIVO

Presente
- prohíba
- prohíbas
- prohíba
- prohibamos
- prohibáis
- prohíban

Pretérito perfecto
- haya prohibido
- hayas prohibido
- haya prohibido
- hayamos prohibido
- hayáis prohibido
- hayan prohibido

Pretérito imperfecto
- prohibiera
- prohibieras
- prohibiera
- prohibiéramos
- prohibierais
- prohibieran

Pret. Pluscuamperfecto
- hubiera prohibido
- hubieras prohibido
- hubiera prohibido
- hubiéramos prohibido
- hubierais prohibido
- hubieran prohibido

- prohibiese
- prohibieses
- prohibiese
- prohibiésemos
- prohibieseis
- prohibiesen

- hubiese prohibido
- hubieses prohibido
- hubiese prohibido
- hubiésemos prohibido
- hubieseis prohibido
- hubiesen prohibido

Futuro simple
- prohibiere
- prohibieres
- prohibiere
- prohibiéremos
- prohibiereis
- prohibieren

Futuro compuesto
- hubiere prohibido
- hubieres prohibido
- hubiere prohibido
- hubiéremos prohibido
- hubiereis prohibido
- hubieren prohibido

IMPERATIVO

- prohíbe
- prohíba
- prohibamos
- prohibid
- prohíban

54 PUDRIR

FORMAS NO PERSONALES

Infinitivo: pudrir/podrir
Gerundio: pudriendo
Participio: podrido

Infinitivo compuesto: haber podrido
Gerundio compuesto: habiendo podrido

INDICATIVO

Presente	Pretérito perfecto	
pudro	he	podrido
pudres	has	podrido
pudre	ha	podrido
pudrimos	hemos	podrido
pudrís	habéis	podrido
pudren	han	podrido

Pretérito imperfecto	Pret. Pluscuamperfecto	
pudría	había	podrido
pudrías	habías	podrido
pudría	había	podrido
pudríamos	habíamos	podrido
pudríais	habíais	podrido
pudrían	habían	podrido

Pretérito indefinido	Pretérito anterior	
pudrí	hube	podrido
pudriste	hubiste	podrido
pudrió	hubo	podrido
pudrimos	hubimos	podrido
pudristeis	hubisteis	podrido
pudrieron	hubieron	podrido

Futuro simple	Futuro compuesto	
pudriré	habré	podrido
pudrirás	habrás	podrido
pudrirá	habrá	podrido
pudriremos	habremos	podrido
pudriréis	habréis	podrido
pudrirán	habrán	podrido

Condicional simple	Condicional compuesto	
pudriría	habría	podrido
pudrirías	habrías	podrido
pudriría	habría	podrido
pudriríamos	habríamos	podrido
pudriríais	habríais	podrido
pudrirían	habrían	podrido

SUBJUNTIVO

Presente	Pretérito perfecto	
pudra	haya	podrido
pudras	hayas	podrido
pudra	haya	podrido
pudramos	hayamos	podrido
pudráis	hayáis	podrido
pudran	hayan	podrido

Pretérito imperfecto	Pret. Pluscuamperfecto	
pudriera	hubiera	podrido
pudrieras	hubieras	podrido
pudriera	hubiera	podrido
pudriéramos	hubiéramos	podrido
pudrierais	hubierais	podrido
pudrieran	hubieran	podrido

pudriese	hubiese	podrido
pudrieses	hubieses	podrido
pudriese	hubiese	podrido
pudriésemos	hubiésemos	podrido
pudrieseis	hubieseis	podrido
pudriesen	hubiesen	podrido

Futuro simple	Futuro compuesto	
pudriere	hubiere	podrido
pudrieres	hubieres	podrido
pudriere	hubiere	podrido
pudriéremos	hubiéremos	podrido
pudriereis	hubiereis	podrido
pudrieren	hubieren	podrido

IMPERATIVO

pudre
pudra
pudramos
pudrid
pudran

55 QUERER

FORMAS NO PERSONALES

Infinitivo: querer
Gerundio: queriendo
Participio: querido

Infinitivo compuesto: haber querido
Gerundio compuesto: habiendo querido

INDICATIVO

Presente
- quiero
- quieres
- quiere
- queremos
- queréis
- quieren

Pretérito perfecto
- he querido
- has querido
- ha querido
- hemos querido
- habéis querido
- han querido

Pretérito imperfecto
- quería
- querías
- quería
- queríamos
- queríais
- querían

Pret. Pluscuamperfecto
- había querido
- habías querido
- había querido
- habíamos querido
- habíais querido
- habían querido

Pretérito indefinido
- quise
- quisiste
- quiso
- quisimos
- quisisteis
- quisieron

Pretérito anterior
- hube querido
- hubiste querido
- hubo querido
- hubimos querido
- hubisteis querido
- hubieron querido

Futuro simple
- querré
- querrás
- querrá
- querremos
- querréis
- querrán

Futuro compuesto
- habré querido
- habrás querido
- habrá querido
- habremos querido
- habréis querido
- habrán querido

Condicional simple
- querría
- querrías
- querría
- querríamos
- querríais
- querrían

Condicional compuesto
- habría querido
- habrías querido
- habría querido
- habríamos querido
- habríais querido
- habrían querido

SUBJUNTIVO

Presente
- quiera
- quieras
- quiera
- queramos
- queráis
- quieran

Pretérito perfecto
- haya querido
- hayas querido
- haya querido
- hayamos querido
- hayáis querido
- hayan querido

Pretérito imperfecto
- quisiera
- quisieras
- quisiera
- quisiéramos
- quisierais
- quisieran

Pret. Pluscuamperfecto
- hubiera querido
- hubieras querido
- hubiera querido
- hubiéramos querido
- hubierais querido
- hubieran querido

- quisiese
- quisieses
- quisiese
- quisiésemos
- quisieseis
- quisiesen

- hubiese querido
- hubieses querido
- hubiese querido
- hubiésemos querido
- hubieseis querido
- hubiesen querido

Futuro simple
- quisiere
- quisieres
- quisiere
- quisiéremos
- quisiereis
- quisieren

Futuro compuesto
- hubiere querido
- hubieres querido
- hubiere querido
- hubiéremos querido
- hubiereis querido
- hubieren querido

IMPERATIVO

- quiere
- quiera
- queramos
- quered
- quieran

56 RAER

FORMAS NO PERSONALES

Infinitivo: raer
Gerundio: rayendo
Participio: raído

Infinitivo compuesto: haber raído
Gerundio compuesto: habiendo raído

INDICATIVO

Presente	Pretérito perfecto	
rao, raigo o rayo	he	raído
raes	has	raído
rae	ha	raído
raemos	hemos	raído
raéis	habéis	raído
raen	han	raído

Pretérito imperfecto	Pret. Pluscuamperfecto	
raía	había	raído
raías	habías	raído
raía	había	raído
raíamos	habíamos	raído
raíais	habíais	raído
raían	habían	raído

Pretérito indefinido	Pretérito anterior	
raí	hube	raído
raíste	hubiste	raído
rayó	hubo	raído
raímos	hubimos	raído
raísteis	hubisteis	raído
rayeron	hubieran	raído

Futuro simple	Futuro compuesto	
raeré	habré	raído
raerás	habrás	raído
raerá	habrá	raído
raeremos	habremos	raído
raeréis	habréis	raído
raerán	habrán	raído

Condicional simple	Condicional compuesto	
raería	habría	raído
raerías	habrías	raído
raería	habría	raído
raeríamos	habríamos	raído
raeríais	habríais	raído
raerían	habrían	raído

SUBJUNTIVO

Presente	Pretérito perfecto	
raiga o raya	haya	raído
raigas o rayas	hayas	raído
raiga o raya	haya	raído
raigamos o rayamos	hayamos	raído
raigáis o rayáis	hayáis	raído
raigan o rayan	hayan	raído

Pretérito imperfecto	Pret. Pluscuamperfecto	
rayera	hubiera	raído
rayeras	hubieras	raído
rayera	hubiera	raído
rayéramos	hubiéramos	raído
rayerais	hubierais	raído
rayeran	hubieran	raído
rayese	hubiese	raído
rayeses	hubieses	raído
rayese	hubiese	raído
rayésemos	hubiésemos	raído
rayeseis	hubieseis	raído
rayesen	hubiesen	raído

Futuro simple	Futuro compuesto	
rayere	hubiere	raído
rayeres	hubieres	raído
rayere	hubiere	raído
rayéremos	hubiéremos	raído
rayereis	hubiereis	raído
rayeren	hubieren	raído

IMPERATIVO

rae
raiga o raya
raigamos o rayamos
raed
raigan o rayan

57 REHUSAR

FORMAS NO PERSONALES

Infinitivo: rehusar
Gerundio: rehusando
Participio: rehusado

Infinitivo compuesto: haber rehusado
Gerundio compuesto: habiendo rehusado

INDICATIVO

Presente	Pretérito perfecto	
rehúso	he	rehusado
rehúsas	has	rehusado
rehúsa	ha	rehusado
rehusamos	hemos	rehusado
rehusáis	habéis	rehusado
rehúsan	han	rehusado

Pretérito imperfecto	Pret. Pluscuamperfecto	
rehusaba	había	rehusado
rehusabas	habías	rehusado
rehusaba	había	rehusado
rehusábamos	habíamos	rehusado
rehusabais	habíais	rehusado
rehusaban	habían	rehusado

Pretérito indefinido	Pretérito anterior	
rehusé	hube	rehusado
rehusaste	hubiste	rehusado
rehusó	hubo	rehusado
rehusamos	hubimos	rehusado
rehusasteis	hubisteis	rehusado
rehusaron	hubieron	rehusado

Futuro simple	Futuro compuesto	
rehusaré	habré	rehusado
rehusarás	habrás	rehusado
rehusará	habrá	rehusado
rehusaremos	habremos	rehusado
rehusaréis	habréis	rehusado
rehusarán	habrán	rehusado

Condicional simple	Condicional compuesto	
rehusaría	habría	rehusado
rehusarías	habrías	rehusado
rehusaría	habría	rehusado
rehusaríamos	habríamos	rehusado
rehusaríais	habríais	rehusado
rehusarían	habrían	rehusado

SUBJUNTIVO

Presente	Pretérito perfecto	
rehúse	haya	rehusado
rehúses	hayas	rehusado
rehúse	haya	rehusado
rehusemos	hayamos	rehusado
rehuséis	hayáis	rehusado
rehúsen	hayan	rehusado

Pretérito imperfecto	Pret. Pluscuamperfecto	
rehusara	hubiera	rehusado
rehusaras	hubieras	rehusado
rehusara	hubiera	rehusado
rehusáramos	hubiéramos	rehusado
rehusarais	hubierais	rehusado
rehusaran	hubieran	rehusado

rehusase	hubiese	rehusado
rehusases	hubieses	rehusado
rehusase	hubiese	rehusado
rehusásemos	hubiésemos	rehusado
rehusaseis	hubieseis	rehusado
rehusasen	hubiesen	rehusado

Futuro simple	Futuro compuesto	
rehusare	hubiere	rehusado
rehusares	hubieres	rehusado
rehusare	hubiere	rehusado
rehusáremos	hubiéremos	rehusado
rehusareis	hubiereis	rehusado
rehusaren	hubieren	rehusado

IMPERATIVO

rehúsa
rehúse
rehusemos
rehusad
rehúsen

58 REÍR

FORMAS NO PERSONALES

Infinitivo: reír
Gerundio: riendo
Participio: reído

Infinitivo compuesto: haber reído
Gerundio compuesto: habiendo reído

INDICATIVO

Presente		Pretérito perfecto	
río		he	reído
ríes		has	reído
ríe		ha	reído
reímos		hemos	reído
reís		habéis	reído
ríen		han	reído

Pretérito imperfecto		Pret. Pluscuamperfecto	
reía		había	reído
reías		habías	reído
reía		había	reído
reíamos		habíamos	reído
reíais		habíais	reído
reían		habían	reído

Pretérito indefinido		Pretérito anterior	
reí		hube	reído
reíste		hubiste	reído
rió		hubo	reído
reímos		hubimos	reído
reísteis		hubisteis	reído
rieron		hubieron	reído

Futuro simple		Futuro compuesto	
reiré		habré	reído
reirás		habrás	reído
reirá		habrá	reído
reiremos		habremos	reído
reiréis		habréis	reído
reirán		habrán	reído

Condicional simple		Condicional compuesto	
reiría		habría	reído
reirías		habrías	reído
reiría		habría	reído
reiríamos		habríamos	reído
reiríais		habríais	reído
reirían		habrían	reído

SUBJUNTIVO

Presente		Pretérito perfecto	
ría		haya	reído
rías		hayas	reído
ría		haya	reído
riamos		hayamos	reído
riáis		hayáis	reído
rían		hayan	reído

Pretérito imperfecto		Pret. Pluscuamperfecto	
riera		hubiera	reído
rieras		hubieras	reído
riera		hubiera	reído
riéramos		hubiéramos	reído
rierais		hubierais	reído
rieran		hubieran	reído
riese		hubiese	reído
rieses		hubieses	reído
riese		hubiese	reído
riésemos		hubiésemos	reído
rieseis		hubieseis	reído
riesen		hubiesen	reído

Futuro simple		Futuro compuesto	
riere		hubiere	reído
rieres		hubieres	reído
riere		hubiere	reído
riéremos		hubiéremos	reído
riereis		hubiereis	reído
rieren		hubieren	reído

IMPERATIVO

ríe
ría
riamos
reíd
rían

59 REÑIR

FORMAS NO PERSONALES

Infinitivo: reñir
Gerundio: riñendo
Participio: reñido

Infinitivo compuesto: haber reñido
Gerundio compuesto: habiendo reñido

INDICATIVO

Presente	Pretérito perfecto	
riño	he	reñido
riñes	has	reñido
riñe	ha	reñido
reñimos	hemos	reñido
reñís	habéis	reñido
riñen	han	reñido

Pretérito imperfecto	Pret. Pluscuamperfecto	
reñía	había	reñido
reñías	habías	reñido
reñía	había	reñido
reñíamos	habíamos	reñido
reñíais	habíais	reñido
reñían	habían	reñido

Pretérito indefinido	Pretérito anterior	
reñí	hube	reñido
reñiste	hubiste	reñido
riñó	hubo	reñido
reñimos	hubimos	reñido
reñisteis	hubisteis	reñido
riñeron	hubieron	reñido

Futuro simple	Futuro compuesto	
reñiré	habré	reñido
reñirás	habrás	reñido
reñirá	habrá	reñido
reñiremos	habremos	reñido
reñiréis	habréis	reñido
reñirán	habrán	reñido

Condicional simple	Condicional compuesto	
reñiría	habría	reñido
reñirías	habrías	reñido
reñiría	habría	reñido
reñiríamos	habríamos	reñido
reñiríais	habríais	reñido
reñirían	habrían	reñido

SUBJUNTIVO

Presente	Pretérito perfecto	
riña	haya	reñido
riñas	hayas	reñido
riña	haya	reñido
riñamos	hayamos	reñido
riñáis	hayáis	reñido
riñan	hayan	reñido

Pretérito imperfecto	Pret. Pluscuamperfecto	
riñera	hubiera	reñido
riñeras	hubieras	reñido
riñera	hubiera	reñido
riñéramos	hubiéramos	reñido
riñerais	hubierais	reñido
riñeran	hubieran	reñido

riñese	hubiese	reñido
riñeses	hubieses	reñido
riñese	hubiese	reñido
riñésemos	hubiésemos	reñido
riñeseis	hubieseis	reñido
riñesen	hubiesen	reñido

Futuro simple	Futuro compuesto	
riñere	hubiere	reñido
riñeres	hubieres	reñido
riñere	hubiere	reñido
riñéremos	hubiéremos	reñido
riñereis	hubiereis	reñido
riñeren	hubieren	reñido

IMPERATIVO

riñe
riña
riñamos
reñid
riñan

60 REUNIR

FORMAS NO PERSONALES

Infinitivo: reunir
Gerundio: reuniendo
Participio: reunido

Infinitivo compuesto: haber reunido
Gerundio compuesto: habiendo reunido

INDICATIVO

Presente	Pretérito perfecto	
reúno	he	reunido
reúnes	has	reunido
reúne	ha	reunido
reunimos	hemos	reunido
reunís	habéis	reunido
reúnen	han	reunido

Pretérito imperfecto	Pret. Pluscuamperfecto	
reunía	había	reunido
reunías	habías	reunido
reunía	había	reunido
reuníamos	habíamos	reunido
reuníais	habíais	reunido
reunían	habían	reunido

Pretérito indefinido	Pretérito anterior	
reuní	hube	reunido
reuniste	hubiste	reunido
reunió	hubo	reunido
reunimos	hubimos	reunido
reunisteis	hubisteis	reunido
reunieron	hubieron	reunido

Futuro simple	Futuro compuesto	
reuniré	habré	reunido
reunirás	habrás	reunido
reunirá	habrá	reunido
reuniremos	habremos	reunido
reuniréis	habréis	reunido
reunirán	habrán	reunido

Condicional simple	Condicional compuesto	
reuniría	habría	reunido
reunirías	habrías	reunido
reuniría	habría	reunido
reuniríamos	habríamos	reunido
reuniríais	habríais	reunido
reunirían	habrían	reunido

SUBJUNTIVO

Presente	Pretérito perfecto	
reúna	haya	reunido
reúnas	hayas	reunido
reúna	haya	reunido
reunamos	hayamos	reunido
reunáis	hayáis	reunido
reúnan	hayan	reunido

Pretérito imperfecto	Pret. Pluscuamperfecto	
reuniera	hubiera	reunido
reunieras	hubieras	reunido
reuniera	hubiera	reunido
reuniéramos	hubiéramos	reunido
reunierais	hubierais	reunido
reunieran	hubieran	reunido
reuniese	hubiese	reunido
reunieses	hubieses	reunido
reuniese	hubiese	reunido
reuniésemos	hubiésemos	reunido
reunieseis	hubieseis	reunido
reuniesen	hubiesen	reunido

Futuro simple	Futuro compuesto	
reuniere	hubiere	reunido
reunieres	hubieres	reunido
reuniere	hubiere	reunido
reuniéremos	hubiéremos	reunido
reuniereis	hubiereis	reunido
reunieren	hubieren	reunido

IMPERATIVO

reúne
reúna
reunamos
reunid
reúnan

61 ROER

FORMAS NO PERSONALES

Infinitivo: roer
Gerundio: royendo
Participio: roído

Infinitivo compuesto: haber roído
Gerundio compuesto: habiendo roído

INDICATIVO

Presente
roo, roigo o royo
roes
roe
roemos
roéis
roen

Pretérito perfecto
he roído
has roído
ha roído
hemos roído
habéis roído
han roído

Pretérito imperfecto
roía
roías
roía
roíamos
roíais
roían

Pret. Pluscuamperfecto
había roído
habías roído
había roído
habíamos roído
habíais roído
habían roído

Pretérito indefinido
roí
roíste
royó
roímos
roísteis
royeron

Pretérito anterior
hube roído
hubiste roído
hubo roído
hubimos roído
hubisteis roído
hubieron roído

Futuro simple
roeré
roerás
roerá
roeremos
roeréis
roerán

Futuro compuesto
habré roído
habrás roído
habrá roído
habremos roído
habréis roído
habrán roído

Condicional simple
roería
roerías
roería
roeríamos
roeríais
roerían

Condicional compuesto
habría roído
habrías roído
habría roído
habríamos roído
habríais roído
habrían roído

SUBJUNTIVO

Presente
roa, roiga o roya
roas, roigas o royas
roa, roiga o roya
roamos, roigamos o royamos
roáis, roigáis o royáis
roan, roigan o royan

Pretérito perfecto
haya roído
hayas roído
haya roído
hayamos roído
hayáis roído
hayan roído

Pretérito imperfecto
royera
royeras
royera
royéramos
royerais
royeran

royese
royeses
royese
royésemos
royeseis
royesen

Pret. Pluscuamperfecto
hubiera roído
hubieras roído
hubiera roído
hubiéramos roído
hubierais roído
hubieran roído

hubiese roído
hubieses roído
hubiese roído
hubiésemos roído
hubieseis roído
hubiesen roído

Futuro simple
royere
royeres
royere
royéremos
royereis
royeren

Futuro compuesto
hubiere roído
hubieres roído
hubiere roído
hubiéremos roído
hubiereis roído
hubieren roído

IMPERATIVO

roe
roa, roiga o roya
roamos, roigamos o royamos
roed
roan, roigan o royan

62 SABER

FORMAS NO PERSONALES

Infinitivo: saber
Gerundio: sabiendo
Participio: sabido

Infinitivo compuesto: haber sabido
Gerundio compuesto: habiendo sabido

INDICATIVO

Presente
- sé
- sabes
- sabe
- sabemos
- sabéis
- saben

Pretérito perfecto
- he sabido
- has sabido
- ha sabido
- hemos sabido
- habéis sabido
- han sabido

Pretérito imperfecto
- sabía
- sabías
- sabía
- sabíamos
- sabíais
- sabían

Pret. Pluscuamperfecto
- había sabido
- habías sabido
- había sabido
- habíamos sabido
- habíais sabido
- habían sabido

Pretérito indefinido
- supe
- supiste
- supo
- supimos
- supisteis
- supieron

Pretérito anterior
- hube sabido
- hubiste sabido
- hubo sabido
- hubimos sabido
- hubisteis sabido
- hubieron sabido

Futuro simple
- sabré
- sabrás
- sabrá
- sabremos
- sabréis
- sabrán

Futuro compuesto
- habré sabido
- habrás sabido
- habrá sabido
- habremos sabido
- habréis sabido
- habrán sabido

Condicional simple
- sabría
- sabrías
- sabría
- sabríamos
- sabríais
- sabrían

Condicional compuesto
- habría sabido
- habrías sabido
- habría sabido
- habríamos sabido
- habríais sabido
- habrían sabido

SUBJUNTIVO

Presente
- sepa
- sepas
- sepa
- sepamos
- sepáis
- sepan

Pretérito perfecto
- haya sabido
- hayas sabido
- haya sabido
- hayamos sabido
- hayáis sabido
- hayan sabido

Pretérito imperfecto
- supiera
- supieras
- supiera
- supiéramos
- supierais
- supieran

Pret. Pluscuamperfecto
- hubiera sabido
- hubieras sabido
- hubiera sabido
- hubiéramos sabido
- hubierais sabido
- hubieran sabido

- supiese
- supieses
- supiese
- supiésemos
- supieseis
- supiesen

- hubiese sabido
- hubieses sabido
- hubiese sabido
- hubiésemos sabido
- hubieseis sabido
- hubiesen sabido

Futuro simple
- supiere
- supieres
- supiere
- supiéremos
- supiereis
- supieren

Futuro compuesto
- hubiere sabido
- hubieres sabido
- hubiere sabido
- hubiéremos sabido
- hubiereis sabido
- hubieren sabido

IMPERATIVO

- sabe
- sepa
- sepamos
- sabed
- sepan

63 SALIR

FORMAS NO PERSONALES

Infinitivo: salir
Gerundio: saliendo
Participio: salido

Infinitivo compuesto: haber salido
Gerundio compuesto: habiendo salido

INDICATIVO

Presente
salgo
sales
sale
salimos
salís
salen

Pretérito perfecto
he salido
has salido
ha salido
hemos salido
habéis salido
han salido

Pretérito imperfecto
salía
salías
salía
salíamos
salíais
salían

Pret. Pluscuamperfecto
había salido
habías salido
había salido
habíamos salido
habíais salido
habían salido

Pretérito indefinido
salí
saliste
salió
salimos
salisteis
salieron

Pretérito anterior
hube salido
hubiste salido
hubo salido
hubimos salido
hubisteis salido
hubieron salido

Futuro simple
saldré
saldrás
saldrá
saldremos
saldréis
saldrán

Futuro compuesto
habré salido
habrás salido
habrá salido
habremos salido
habréis salido
habrán salido

Condicional simple
saldría
saldrías
saldría
saldríamos
saldríais
saldrían

Condicional compuesto
habría salido
habrías salido
habría salido
habríamos salido
habríais salido
habrían salido

SUBJUNTIVO

Presente
salga
salgas
salga
salgamos
salgáis
salgan

Pretérito perfecto
haya salido
hayas salido
haya salido
hayamos salido
hayáis salido
hayan salido

Pretérito imperfecto
saliera
salieras
saliera
saliéramos
salierais
salieran

Pret. Pluscuamperfecto
hubiera salido
hubieras salido
hubiera salido
hubiéramos salido
hubierais salido
hubieran salido

saliese
salieses
saliese
saliésemos
salieseis
saliesen

hubiese salido
hubieses salido
hubiese salido
hubiésemos salido
hubieseis salido
hubiesen salido

Futuro simple
saliere
salieres
saliere
saliéremos
saliereis
salieren

Futuro compuesto
hubiere salido
hubieres salido
hubiere salido
hubiéremos salido
hubiereis salido
hubieren salido

IMPERATIVO

sal
salga
salgamos
salid
salgan

64 SATISFACER

FORMAS NO PERSONALES

Infinitivo: satisfacer
Gerundio: satisfaciendo
Participio: satisfecho

Infinitivo compuesto: haber satisfecho
Gerundio compuesto: habiendo satisfecho

INDICATIVO

Presente
satisfago
satisfaces
satisface
satisfacemos
satisfacéis
satisfacen

Pretérito perfecto
he satisfecho
has satisfecho
ha satisfecho
hemos satisfecho
habéis satisfecho
han satisfecho

Pretérito imperfecto
satisfacía
satisfacías
satisfacía
satisfacíamos
satisfacíais
satisfacían

Pret. Pluscuamperfecto
había satisfecho
habías satisfecho
había satisfecho
habíamos satisfecho
habíais satisfecho
habían satisfecho

Pretérito indefinido
satisfice
satisficiste
satisfizo
satisficimos
satisficisteis
satisficieron

Pretérito anterior
hube satisfecho
hubiste satisfecho
hubo satisfecho
hubimos satisfecho
hubisteis satisfecho
hubieron satisfecho

Futuro simple
satisfaré
satisfarás
satisfará
satisfaremos
satisfaréis
satisfarán

Futuro compuesto
habré satisfecho
habrás satisfecho
habrá satisfecho
habremos satisfecho
habréis satisfecho
habrán satisfecho

Condicional simple
satisfaría
satisfarías
satisfaría
satisfaríamos
satisfaríais
satisfarían

Condicional compuesto
habría satisfecho
habrías satisfecho
habría satisfecho
habríamos satisfecho
habríais satisfecho
habrían satisfecho

SUBJUNTIVO

Presente
satisfaga
satisfagas
satisfaga
satisfagamos
satisfagáis
satisfagan

Pretérito perfecto
haya satisfecho
hayas satisfecho
haya satisfecho
hayamos satisfecho
hayáis satisfecho
hayan satisfecho

Pretérito imperfecto
satisficiera
satisficieras
satisficiera
satisficiéramos
satisficierais
satisficieran

Pret. Pluscuamperfecto
hubiera satisfecho
hubieras satisfecho
hubiera satisfecho
hubiéramos satisfecho
hubierais satisfecho
hubieran satisfecho

satisficiese
satisficieses
satisficiese
satisficiésemos
satisficieseis
satisficiesen

hubiese satisfecho
hubieses satisfecho
hubiese satisfecho
hubiésemos satisfecho
hubieseis satisfecho
hubiesen satisfecho

Futuro simple
satisficiere
satisficieres
satisficiere
satisficiéremos
satisficiereis
satisficieren

Futuro compuesto
hubiere satisfecho
hubieres satisfecho
hubiere satisfecho
hubiéremos satisfecho
hubiereis satisfecho
hubieren satisfecho

IMPERATIVO

satisfaz o satisface
satisfaga
satisfagamos
satisfaced
satisfagan

65 SENTIR

FORMAS NO PERSONALES

Infinitivo: sentir
Gerundio: sintiendo
Participio: sentido

Infinitivo compuesto: haber sentido
Gerundio compuesto: habiendo sentido

INDICATIVO

Presente	Pretérito perfecto	
siento	he	sentido
sientes	has	sentido
siente	ha	sentido
sentimos	hemos	sentido
sentís	habéis	sentido
sienten	han	sentido

Pretérito imperfecto	Pret. Pluscuamperfecto	
sentía	había	sentido
sentías	habías	sentido
sentía	había	sentido
sentíamos	habíamos	sentido
sentíais	habíais	sentido
sentían	habían	sentido

Pretérito indefinido	Pretérito anterior	
sentí	hube	sentido
sentiste	hubiste	sentido
sintió	hubo	sentido
sentimos	hubimos	sentido
sentisteis	hubisteis	sentido
sintieron	hubieron	sentido

Futuro simple	Futuro compuesto	
sentiré	habré	sentido
sentirás	habrás	sentido
sentirá	habrá	sentido
sentiremos	habremos	sentido
sentiréis	habréis	sentido
sentirán	habrán	sentido

Condicional simple	Condicional compuesto	
sentiría	habría	sentido
sentirías	habrías	sentido
sentiría	habría	sentido
sentiríamos	habríamos	sentido
sentiríais	habríais	sentido
sentirían	habrían	sentido

SUBJUNTIVO

Presente	Pretérito perfecto	
sienta	haya	sentido
sientas	hayas	sentido
sienta	haya	sentido
sintamos	hayamos	sentido
sintáis	hayáis	sentido
sientan	hayan	sentido

Pretérito imperfecto	Pret. Pluscuamperfecto	
sintiera	hubiera	sentido
sintieras	hubieras	sentido
sintiera	hubiera	sentido
sintiéramos	hubiéramos	sentido
sintierais	hubierais	sentido
sintieran	hubieran	sentido
sintiese	hubiese	sentido
sintieses	hubieses	sentido
sintiese	hubiese	sentido
sintiésemos	hubiésemos	sentido
sintieseis	hubieseis	sentido
sintiesen	hubiesen	sentido

Futuro simple	Futuro compuesto	
sintiere	hubiere	sentido
sintieres	hubieres	sentido
sintiere	hubiere	sentido
sintiéremos	hubiéremos	sentido
sintiereis	hubiereis	sentido
sintieren	hubieren	sentido

IMPERATIVO

siente
sienta
sintamos
sentid
sientan

66 SER

FORMAS NO PERSONALES

Infinitivo: ser
Gerundio: siendo
Participio: sido

Infinitivo compuesto: haber sido
Gerundio compuesto: habiendo sido

INDICATIVO

Presente
soy
eres
es
somos
sois
son

Pretérito perfecto
he sido
has sido
ha sido
hemos sido
habéis sido
han sido

Pretérito imperfecto
era
eras
era
éramos
erais
eran

Pret. Pluscuamperfecto
había sido
habías sido
había sido
habíamos sido
habíais sido
habían sido

Pretérito indefinido
fui
fuiste
fue
fuimos
fuisteis
fueron

Pretérito anterior
hube sido
hubiste sido
hubo sido
hubimos sido
hubisteis sido
hubieron sido

Futuro simple
seré
serás
será
seremos
seréis
serán

Futuro compuesto
habré sido
habrás sido
habrá sido
habremos sido
habréis sido
habrán sido

Condicional simple
sería
serías
sería
seríamos
seríais
serían

Condicional compuesto
habría sido
habrías sido
habría sido
habríamos sido
habríais sido
habrían sido

SUBJUNTIVO

Presente
sea
seas
sea
seamos
seáis
sean

Pretérito perfecto
haya sido
hayas sido
haya sido
hayamos sido
hayáis sido
hayan sido

Pretérito imperfecto
fuera
fueras
fuera
fuéramos
fuerais
fueran

Pret. Pluscuamperfecto
hubiera sido
hubieras sido
hubiera sido
hubiéramos sido
hubierais sido
hubieran sido

fuese
fueses
fuese
fuésemos
fueseis
fuesen

hubiese sido
hubieses sido
hubiese sido
hubiésemos sido
hubieseis sido
hubiesen sido

Futuro simple
fuere
fueres
fuere
fuéremos
fuereis
fueren

Futuro compuesto
hubiere sido
hubieres sido
hubiere sido
hubiéremos sido
hubiereis sido
hubieren sido

IMPERATIVO

sé
sea
seamos
sed
sean

67 SOLER

FORMAS NO PERSONALES

Infinitivo: soler
Gerundio: -
Participio: -

Infinitivo compuesto: -
Gerundio compuesto: -

INDICATIVO

Presente
- suelo
- sueles
- suele
- solemos
- soléis
- suelen

Pretérito perfecto
- -
- -
- -
- -
- -
- -

Pretérito imperfecto
- solía
- solías
- solía
- solíamos
- solíais
- solían

Pret. Pluscuamperfecto
- -
- -
- -
- -
- -
- -

Pretérito indefinido
- -
- -
- -
- -
- -
- -

Pretérito anterior
- -
- -
- -
- -
- -
- -

Futuro simple
- -
- -
- -
- -
- -
- -

Futuro compuesto
- -
- -
- -
- -
- -
- -

Condicional simple
- -
- -
- -
- -
- -
- -

Condicional compuesto
- -
- -
- -
- -
- -
- -

SUBJUNTIVO

Presente
- suela
- suelas
- suela
- solamos
- soláis
- suelan

Pretérito perfecto
- -
- -
- -
- -
- -
- -

Pretérito imperfecto
- soliera
- solieras
- soliera
- soliéramos
- solierais
- solieran

- soliese
- solieses
- soliese
- soliésemos
- solieseis
- soliesen

Pret. Pluscuamperfecto
- -
- -
- -
- -
- -
- -

Futuro simple
- -
- -
- -
- -
- -
- -

Futuro compuesto
- -
- -
- -
- -
- -
- -

IMPERATIVO

- -
- -
- -
- -
- -

68 TAÑER

FORMAS NO PERSONALES

Infinitivo: tañer
Gerundio: tañendo
Participio: tañido

Infinitivo compuesto: haber tañido
Gerundio compuesto: habiendo tañido

INDICATIVO

Presente
taño
tañes
tañe
tañemos
tañéis
tañen

Pretérito perfecto
he tañido
has tañido
ha tañido
hemos tañido
habéis tañido
han tañido

Pretérito imperfecto
tañía
tañías
tañía
tañíamos
tañíais
tañían

Pret. Pluscuamperfecto
había tañido
habías tañido
había tañido
habíamos tañido
habíais tañido
habían tañido

Pretérito indefinido
tañí
tañiste
tañó
tañimos
tañisteis
tañeron

Pretérito anterior
hube tañido
hubiste tañido
hubo tañido
hubimos tañido
hubisteis tañido
hubieron tañido

Futuro simple
tañeré
tañerás
tañerá
tañeremos
tañeréis
tañerán

Futuro compuesto
habré tañido
habrás tañido
habrá tañido
habremos tañido
habréis tañido
habrán tañido

Condicional simple
tañería
tañerías
tañería
tañeríamos
tañeríais
tañerían

Condicional compuesto
habría tañido
habrías tañido
habría tañido
habríamos tañido
habríais tañido
habrían tañido

SUBJUNTIVO

Presente
taña
tañas
taña
tañamos
tañáis
tañan

Pretérito perfecto
haya tañido
hayas tañido
haya tañido
hayamos tañido
hayáis tañido
hayan tañido

Pretérito imperfecto
tañera
tañeras
tañera
tañéramos
tañerais
tañeran

Pret. Pluscuamperfecto
hubiera tañido
hubieras tañido
hubiera tañido
hubiéramos tañido
hubierais tañido
hubieran tañido

tañese
tañeses
tañese
tañésemos
tañeseis
tañesen

hubiese tañido
hubieses tañido
hubiese tañido
hubiésemos tañido
hubieseis tañido
hubiesen tañido

Futuro simple
tañere
tañeres
tañere
tañéremos
tañereis
tañeren

Futuro compuesto
hubiere tañido
hubieres tañido
hubiere tañido
hubiéremos tañido
hubiereis tañido
hubieren tañido

IMPERATIVO

tañe
taña
tañamos
tañed
tañan

69 TENER

FORMAS NO PERSONALES

Infinitivo: tener
Gerundio: teniendo
Participio: tenido

Infinitivo compuesto: haber tenido
Gerundio compuesto: habiendo tenido

INDICATIVO

Presente
tengo
tienes
tiene
tenemos
tenéis
tienen

Pretérito perfecto
he tenido
has tenido
ha tenido
hemos tenido
habéis tenido
han tenido

Pretérito imperfecto
tenía
tenías
tenía
teníamos
teníais
tenían

Pret. Pluscuamperfecto
había tenido
habías tenido
había tenido
habíamos tenido
habíais tenido
habían tenido

Pretérito indefinido
tuve
tuviste
tuvo
tuvimos
tuvisteis
tuvieron

Pretérito anterior
hube tenido
hubiste tenido
hubo tenido
hubimos tenido
hubisteis tenido
hubieron tenido

Futuro simple
tendré
tendrás
tendrá
tendremos
tendréis
tendrán

Futuro compuesto
habré tenido
habrás tenido
habrá tenido
habremos tenido
habréis tenido
habrán tenido

Condicional simple
tendría
tendrías
tendría
tendríamos
tendríais
tendrían

Condicional compuesto
habría tenido
habrías tenido
habría tenido
habríamos tenido
habríais tenido
habrían tenido

SUBJUNTIVO

Presente
tenga
tengas
tenga
tengamos
tengáis
tengan

Pretérito perfecto
haya tenido
hayas tenido
haya tenido
hayamos tenido
hayáis tenido
hayan tenido

Pretérito imperfecto
tuviera
tuvieras
tuviera
tuviéramos
tuvierais
tuvieran

tuviese
tuvieses
tuviese
tuviésemos
tuvieseis
tuviesen

Pret. Pluscuamperfecto
hubiera tenido
hubieras tenido
hubiera tenido
hubiéramos tenido
hubierais tenido
hubieran tenido

hubiese tenido
hubieses tenido
hubiese tenido
hubiésemos tenido
hubieseis tenido
hubiesen tenido

Futuro simple
tuviere
tuvieres
tuviere
tuviéremos
tuviereis
tuvieren

Futuro compuesto
hubiere tenido
hubieres tenido
hubiere tenido
hubiéremos tenido
hubiereis tenido
hubieren tenido

IMPERATIVO

ten
tenga
tengamos
tened
tengan

70 TRAER

FORMAS NO PERSONALES

Infinitivo: traer
Gerundio: trayendo
Participio: traído

Infinitivo compuesto: haber traído
Gerundio compuesto: habiendo traído

INDICATIVO

Presente
traigo
traes
trae
traemos
traéis
traen

Pretérito perfecto
he traído
has traído
ha traído
hemos traído
habéis traído
han traído

Pretérito imperfecto
traía
traías
traía
traíamos
traíais
traían

Pret. Pluscuamperfecto
había traído
habías traído
había traído
habíamos traído
habíais traído
habían traído

Pretérito indefinido
traje
trajiste
trajo
trajimos
trajisteis
trajeron

Pretérito anterior
hube traído
hubiste traído
hubo traído
hubimos traído
hubisteis traído
hubieron traído

Futuro simple
traeré
traerás
traerá
traeremos
traeréis
traerán

Futuro compuesto
habré traído
habrás traído
habrá traído
habremos traído
habréis traído
habrán traído

Condicional simple
traería
traerías
traería
traeríamos
traeríais
traerían

Condicional compuesto
habría traído
habrías traído
habría traído
habríamos traído
habríais traído
habrían traído

SUBJUNTIVO

Presente
traiga
traigas
traiga
traigamos
traigáis
traigan

Pretérito perfecto
haya traído
hayas traído
haya traído
hayamos traído
hayáis traído
hayan traído

Pretérito imperfecto
trajera
trajeras
trajera
trajéramos
trajerais
trajeran

Pret. Pluscuamperfecto
hubiera traído
hubieras traído
hubiera traído
hubiéramos traído
hubierais traído
hubieran traído

trajese
trajeses
trajese
trajésemos
trajeseis
trajesen

hubiese traído
hubieses traído
hubiese traído
hubiésemos traído
hubieseis traído
hubiesen traído

Futuro simple
trajere
trajeres
trajere
trajéremos
trajereis
trajeren

Futuro compuesto
hubiere traído
hubieres traído
hubiere traído
hubiéremos traído
hubiereis traído
hubieren traído

IMPERATIVO

trae
traiga
traigamos
traed
traigan

71 VALER

FORMAS NO PERSONALES

Infinitivo: valer
Gerundio: valiendo
Participio: valido

Infinitivo compuesto: haber valido
Gerundio compuesto: habiendo valido

INDICATIVO

Presente	Pretérito perfecto	
valgo	he	valido
vales	has	valido
vale	ha	valido
valemos	hemos	valido
valéis	habéis	valido
valen	han	valido

Pretérito imperfecto	Pret. Pluscuamperfecto	
valía	había	valido
valías	habías	valido
valía	había	valido
valíamos	habíamos	valido
valíais	habíais	valido
valían	habían	valido

Pretérito indefinido	Pretérito anterior	
valí	hube	valido
valiste	hubiste	valido
valió	hubo	valido
valimos	hubimos	valido
valisteis	hubisteis	valido
valieron	hubieron	valido

Futuro simple	Futuro compuesto	
valdré	habré	valido
valdrás	habrás	valido
valdrá	habrá	valido
valdremos	habremos	valido
valdréis	habréis	valido
valdrán	habrán	valido

Condicional simple	Condicional compuesto	
valdría	habría	valido
valdrías	habrías	valido
valdría	habría	valido
valdríamos	habríamos	valido
valdríais	habríais	valido
valdrían	habrían	valido

SUBJUNTIVO

Presente	Pretérito perfecto	
valga	haya	valido
valgas	hayas	valido
valga	haya	valido
valgamos	hayamos	valido
valgáis	hayáis	valido
valgan	hayan	valido

Pretérito imperfecto	Pret. Pluscuamperfecto	
valiera	hubiera	valido
valieras	hubieras	valido
valiera	hubiera	valido
valiéramos	hubiéramos	valido
valierais	hubierais	valido
valieran	hubieran	valido
valiese	hubiese	valido
valieses	hubieses	valido
valiese	hubiese	valido
valiésemos	hubiésemos	valido
valieseis	hubieseis	valido
valiesen	hubiesen	valido

Futuro simple	Futuro compuesto	
valiere	hubiere	valido
valieres	hubieres	valido
valiere	hubiere	valido
valiéremos	hubiéremos	valido
valiereis	hubiereis	valido
valieren	hubieren	valido

IMPERATIVO

vale
valga
valgamos
valed
valgan

72 VENIR

FORMAS NO PERSONALES

Infinitivo: venir
Gerundio: viniendo
Participio: venido

Infinitivo compuesto: haber venido
Gerundio compuesto: habiendo venido

INDICATIVO

Presente
vengo
vienes
viene
venimos
venís
vienen

Pretérito perfecto
he venido
has venido
ha venido
hemos venido
habéis venido
han venido

Pretérito imperfecto
venía
venías
venía
veníamos
veníais
venían

Pret. Pluscuamperfecto
había venido
habías venido
había venido
habíamos venido
habíais venido
habían venido

Pretérito indefinido
vine
viniste
vino
vinimos
vinisteis
vinieron

Pretérito anterior
hube venido
hubiste venido
hubo venido
hubimos venido
hubisteis venido
hubieron venido

Futuro simple
vendré
vendrás
vendrá
vendremos
vendréis
vendrán

Futuro compuesto
habré venido
habrás venido
habrá venido
habremos venido
habréis venido
habrán venido

Condicional simple
vendría
vendrías
vendría
vendríamos
vendríais
vendrían

Condicional compuesto
habría venido
habrías venido
habría venido
habríamos venido
habríais venido
habrían venido

SUBJUNTIVO

Presente
venga
vengas
venga
vengamos
vengáis
vengan

Pretérito perfecto
haya venido
hayas venido
haya venido
hayamos venido
hayáis venido
hayan venido

Pretérito imperfecto
viniera
vinieras
viniera
viniéramos
vinierais
vinieran

Pret. Pluscuamperfecto
hubiera venido
hubieras venido
hubiera venido
hubiéramos venido
hubierais venido
hubieran venido

viniese
vinieses
viniese
viniésemos
vinieseis
viniesen

hubiese venido
hubieses venido
hubiese venido
hubiésemos venido
hubieseis venido
hubiesen venido

Futuro simple
viniere
vinieres
viniere
viniéremos
viniereis
vinieren

Futuro compuesto
hubiere venido
hubieres venido
hubiere venido
hubiéremos venido
hubiereis venido
hubieren venido

IMPERATIVO

ven
venga
vengamos
venid
vengan

73 VER

FORMAS NO PERSONALES

Infinitivo: ver
Gerundio: viendo
Participio: visto

Infinitivo compuesto: haber visto
Gerundio compuesto: habiendo visto

INDICATIVO

Presente
veo
ves
ve
vemos
veis
ven

Pretérito perfecto
he visto
has visto
ha visto
hemos visto
habéis visto
han visto

Pretérito imperfecto
veía
veías
veía
veíamos
veíais
veían

Pret. Pluscuamperfecto
había visto
habías visto
había visto
habíamos visto
habíais visto
habían visto

Pretérito indefinido
vi
viste
vio
vimos
visteis
vieron

Pretérito anterior
hube visto
hubiste visto
hubo visto
hubimos visto
hubisteis visto
hubieron visto

Futuro simple
veré
verás
verá
veremos
veréis
verán

Futuro compuesto
habré visto
habrás visto
habrá visto
habremos visto
habréis visto
habrán visto

Condicional simple
vería
verías
vería
veríamos
veríais
verían

Condicional compuesto
habría visto
habrías visto
habría visto
habríamos visto
habríais visto
habrían visto

SUBJUNTIVO

Presente
vea
veas
vea
veamos
veáis
vean

Pretérito perfecto
haya visto
hayas visto
haya visto
hayamos visto
hayáis visto
hayan visto

Pretérito imperfecto
viera
vieras
viera
viéramos
vierais
vieran

Pret. Pluscuamperfecto
hubiera visto
hubieras visto
hubiera visto
hubiéramos visto
hubierais visto
hubieran visto

viese
vieses
viese
viésemos
vieseis
viesen

hubiese visto
hubieses visto
hubiese visto
hubiésemos visto
hubieseis visto
hubiesen visto

Futuro simple
viere
vieres
viere
viéremos
viereis
vieren

Futuro compuesto
hubiere visto
hubieres visto
hubiere visto
hubiéremos visto
hubiereis visto
hubieren visto

IMPERATIVO

ve
vea
veamos
ved
vean

74 YACER

FORMAS NO PERSONALES

Infinitivo: yacer
Gerundio: yaciendo
Participio: yacido

Infinitivo compuesto: haber yacido
Gerundio compuesto: habiendo yacido

INDICATIVO

Presente
yazco, yazgo o yago
yaces
yace
yacemos
yacéis
yacen

Pretérito perfecto
he yacido
has yacido
ha yacido
hemos yacido
habéis yacido
han yacido

Pretérito imperfecto
yacía
yacías
yacía
yacíamos
yacíais
yacían

Pret. Pluscuamperfecto
había yacido
habías yacido
había yacido
habíamos yacido
habíais yacido
habían yacido

Pretérito indefinido
yací
yaciste
yació
yacimos
yacisteis
yacieron

Pretérito anterior
hube yacido
hubiste yacido
hubo yacido
hubimos yacido
hubisteis yacido
hubieron yacido

Futuro simple
yaceré
yacerás
yacerá
yaceremos
yaceréis
yacerán

Futuro compuesto
habré yacido
habrás yacido
habrá yacido
habremos yacido
habréis yacido
habrán yacido

Condicional simple
yacería
yacerías
yacería
yaceríamos
yaceríais
yacerían

Condicional compuesto
habría yacido
habrías yacido
habría yacido
habríamos yacido
habríais yacido
habrían yacido

SUBJUNTIVO

Presente
yazca, yazga o yaga
yazcas, yazgas o yagas
yazca, yazga o yaga
yazc-/ yazg-/ yag-amos
yazcáis, yazgáis o yagáis
yazcan, yazgan o yagan

Pretérito perfecto
haya yacido
hayas yacido
haya yacido
hayamos yacido
hayáis yacido
hayan yacido

Pretérito imperfecto
yaciera
yacieras
yaciera
yaciéramos
yacierais
yacieran

Pret. Pluscuamperfecto
hubiera yacido
hubieras yacido
hubiera yacido
hubiéramos yacido
hubierais yacido
hubieran yacido

yaciese
yacieses
yaciese
yaciésemos
yacieseis
yaciesen

hubiese yacido
hubieses yacido
hubiese yacido
hubiésemos yacido
hubieseis yacido
hubiesen yacido

Futuro simple
yaciere
yacieres
yaciere
yaciéremos
yaciereis
yacieren

Futuro compuesto
hubiere yacido
hubieres yacido
hubiere yacido
hubiéremos yacido
hubiereis yacido
hubieren yacido

IMPERATIVO

yace o yaz
yazca, yazga o yaga
yazcamos, yazgamos o yagamos
yaced
yazcan, yazgan o yagan

5. VERBOS ESPAÑOLES Y SUS MODELOS DE CONJUGACIÓN

Los números que figuran en la lista remiten a los modelos de conjugación:

	Página		Página		Página
1. hablar	85	26. discernir	110	51. poner	135
2. comer	86	27. dormir	111	52. predecir	136
3. vivir	87	28. enviar	112	53. prohibir	137
4. abolir	88	29. erguir	113	54. pudrir	138
5. actuar	89	30. errar	114	55. querer	139
6. adeudar	90	31. estar	115	56. raer	140
7. adquirir	91	32. haber	116	57. rehusar	141
8. aislar	92	33. hacer	117	58. reír	142
9. andar	93	34. huir	118	59. reñir	143
10. asir	94	35. ir	119	60. reunir	144
11. aunar	95	36. jugar	120	61. roer	145
12. auxiliar	96	37. leer	121	62. saber	146
13. averiguar	97	38. licuar	122	63. salir	147
14. bailar	98	39. lucir	123	64. satisfacer	148
15. caber	99	40. mover	124	65. sentir	149
16. caer	100	41. mullir	125	66. ser	150
17. cambiar	101	42. nacer	126	67. soler	151
18. causar	102	43. oír	127	68. tañer	152
19. cerrar	103	44. oler	128	69. tener	153
20. conducir	104	45. parecer	129	70. traer	154
21. conocer	105	46. pedir	130	71. valer	155
22. contar	106	47. peinar	131	72. venir	156
23. dar	107	48. perder	133	73. ver	157
24. decir	108	49. placer	133	74. yacer	158
25. descafeinar	109	50. poder	134		

A

abalanzar 1
abanderar 1
abandonar 1
abanicar 1
abaratar 1
abarbechar 1
abarcar 1
abarloar 1
abarquillar 1
abarraganarse 1
abarrancar 1
abarrotar 1
abarse [1] 1
abastecer 45
abatir 3
abdicar 1
abeldar 19
abellacar 1
abemolar 1
aberrar 1
abigarrar 1
abisagrar 1
abismar 1
abjurar 1
ablandar 1
abnegar 19
abobar 1
abocar 1
abocetar 1
abocinar 1
abochornar 1

abofetear 1
abogar 1
abolir 4
abolsarse 1
abollar 1
abombar 1
abominar 1
abonanzar 1
abonar 1
aboquillar 1
abordar 1
aborrajarse 1
aborrascarse 1
aborrecer 45
aborregarse 1
abortar 1
abotagarse 1
abotonar 1
abovedar 1
abozalar 1
abrasar 1
abravecer 45
abrazar 1
abrevar 1
abreviar 17
abrigar 1
abrillantar 1
abrir [2] 3
abrochar 1
abrogar 1
abroncar 1
abrumar 1

absolver [3] 40
absorber 2
absortar 1
abstenerse 69
absterger 2
abstraer 70
abuchear 1
abultar 1
abullonar 1
abundar 1
abuñolar 22
aburguesarse 1
aburrarse 1
aburrir 3
aburujar 1
abusar 1
acabañar 1
acabar 1
acabestrillar 1
acaecer 45
acalorar 1
acallar 1
acamar 1
acampanar 1
acampar 1
acanallar 1
acantilar 1
acantonar 1
acaparar 1
acapullarse 1
acaramelar 1
acarar 1

[1] Sólo en infinitivo e imperativo.
[2] Participio: abierto.
[3] Participio: absuelto.

acardenalar 1	acodillar 1	acrecentar 19
acariciar 17	acoger 2	acrecer 45
acarralar 1	acogollar 1	acreditar 1
acarrear 1	acogotar 1	acribillar 1
acartonarse 1	acojonar 1	acriminar 1
acatar 1	acolchar 1	acrisolar 1
acatarrar 1	acombar 1	acristalar 1
acaudalar 1	acometer 2	acromatizar 1
acaudillar 1	acomodar 1	activar 1
acceder 2	acompañar 1	actualizar 1
accidentar 1	acompasar 1	**actuar** **5**
accionar 1	acomplejar 1	acuantiar 28
acecinar 1	acondicionar 1	acuartelar 1
acechar 1	acongojar 1	acuciar 17
aceitar 47	aconsejar 1	acuclillarse 1
acelerar 1	aconsonantar 1	acuchillar 1
acendrar 1	acontecer 45	acudir 3
acensuar 5	acopiar 17	acumular 1
acentuar 5	acoplar 1	acunar 1
aceptar 1	acoquinar 1	acuñar 1
acercar 1	acorazar 1	acurrucarse 1
acertar 19	acorcharse 1	acusar 1
acicalar 1	acordar 22	achabacanar 1
acidular 1	acordonar 1	achacar 1
aclamar 1	acornar 22	achantar 1
aclarar 2	acorralar 1	achaparrarse 1
aclarecer 45	acorrer 2	acharar 1
aclimatar 1	acorrucarse 1	acharolar 1
aclocar 22	acortar 1	achatar 1
acobardar 1	acosar 1	achatarrar 1
acocear 1	acostar 22	achicar 1
acocotar 1	acostumbrar 1	achicharrar 1
acodar 1	acotar 1	achinar 1
acodiciar 17	acoyundar 1	achispar 1

achubascarse 1	adoptar 1	afilar 1
achuchar 1	adoquinar 1	afiliar 17
achularse 1	adorar 1	afiligranar 1
adamascar 1	adormecer 45	afinar 1
adaptar 1	adormilarse 1	afincar 1
adecenar 1	adormirse 27	afirmar 1
adecentar 1	adormitarse 1	aflautar 18
adecuar 13	adornar 1	afligir 3
adelantar 1	adosar 1	aflojar 1
adelgazar 1	**adquirir** 7	aflorar 1
adentrarse 1	adscribir [5] 3	afluir 34
aderezar 1	adsorber 2	afofarse 1
adestrar 19	adstringir 3	afollar 22
adeudar 6	aducir 20	aforar (1) 1
adherir 65	adueñarse 1	aforar (2) 22
adiar 1	adular 1	afortunar 1
adicionar 1	adulcir 3	afrancesar 1
adiestrar 1	adulterar 1	afrentar 1
adietar 1	adunar 1	africanizar 1
adinerar 1	advenir 72	afrontar 1
adir [4] 3	adverbializar 1	agachar 1
adivinar 1	advertir 65	agangrenarse 1
adjetivar 1	afamar 1	agarrar 1
adjudicar 1	afanar 1	agarrotar 1
adjuntar 1	afear 1	agasajar 1
administrar 1	afeblecerse 45	agatizarse 1
admirar 1	afectar 1	agazapar 1
admitir 3	afeitar 47	agenciar 17
adobar 1	afelpar 1	agermanarse 1
adocenar 1	afeminar 1	agigantar 1
adoctrinar 1	aferrar 1	agilizar 1
adolecer 45	afianzar 1	agitanar 1
adonizarse 1	aficionar 1	agitar 1

[4] Sólo en infinitivo.
[5] Participio: adscrito.

aglomerar...................1	ahilar.........................8	alborear....................1
aglutinar....................1	ahincar......................8	alborotar 1
agobiar.....................17	ahitar........................8	alborozar...................1
agolpar......................1	ahogar......................1	albuminar..................1
agonizar....................1	ahondar.....................1	alcahuetear................1
agorar......................22	ahorcar......................1	alcanforar..................1
agostar 1	ahormar 1	alcantarillar...............1
agotar........................1	ahornar......................1	alcanzar 1
agraciar....................17	ahorquillar................1	alcoholizar................1
agradar......................1	ahorrar......................1	alear..........................1
agradecer 45	ahuchar...................11	alebrarse 19
agrandar....................1	ahuecar 1	aleccionar 1
agravar......................1	ahumar....................11	alechugar 1
agraviar...................17	ahusar 11	alegar........................1
agredir 3	ahuyentar...................1	alegorizar..................1
agregar......................1	airar 8	alegrar.......................1
agremiar..................17	airear..........................1	alejar.........................1
agriar 28	**aislar 8**	alelar..........................1
agrietar......................1	ajamonarse...............1	alenguar 13
agrisar.......................1	ajar............................1	alentar.....................19
agrumar 1	ajardinar...................1	alertar........................1
agrupar......................1	ajetrear......................1	aletargar....................1
aguantar....................1	ajironar 1	aletear 1
aguar......................13	ajustar 1	alfabetizar.................1
aguardar....................1	ajusticiar 17	alfombrar..................1
agudizar....................1	alabar 1	alhajar.......................1
aguijar.......................1	alaciarse...................17	aliar..........................28
aguijonear.................1	alambicar..................1	alicatar......................1
agujerar.....................1	alambrar....................1	alienar.......................1
agujerear...................1	alardear.....................1	aligerar......................1
aguzar 1	alargar 1	alimentar...................1
ahechar 1	alarmar......................1	alimonarse 1
aherrojar 1	albañilear..................1	alinear........................1
aherrumbrar 1	albeldar...................19	aliñar.........................1
ahijar.........................8	albergar.....................1	aliquebrar................19

alisar 1	amar 1	amoratarse 1
alistar 1	amarar 1	amordazar 1
aliviar 17	amarecer 45	amorecer 45
almacenar 1	amargar 1	amorrar 1
almadiar 28	amarillear 1	amortajar 1
almagrar 1	amarillecer 45	amortecer 45
almendrar 1	amarrar 1	amortiguar 13
almidonar 1	amartelar 1	amortizar 1
almorzar 22	amartillar 1	amoscar 1
alocar 1	amasar 1	amotinar 1
alojar 1	ambicionar 1	amover 40
alquilar 1	ambientar 1	amparar 1
alterar 1	amblar 1	ampliar 28
alternar 1	amedrantar 1	amplificar 1
altivecer 45	amedrentar 1	ampollar 1
alucinar 1	amenazar 1	amputar 1
aludir 3	amenguar 13	amueblar 1
alumbrar 1	amenizar 1	amuermar 1
alunarse 1	americanizar 1	amurallar 1
alunizar 1	amerizar 1	amusgar 1
alzar 1	ametrallar 1	amustiar 17
allanar 1	amilanar 1	analizar 1
allegar 1	aminorar 1	anarquizar 1
amadrinar 1	amistar 1	anatemizar 1
amaestrar 1	amnistiar 28	anatomizar 1
amagar 1	amoblar 22	anclar 1
amainar 14	amodorrarse 1	ancorar 1
amalgamar 1	amohecer 45	**andar 9**
amamantar 1	amohinar 53	anegar 1
amancebarse 1	amojamar 1	anejar 1
amanecer 45	amojonar 1	anestesiar 17
amanerarse 1	amolar 22	anexar 1
amanojar 1	amoldar 1	anexionar 1
amansar 1	amonestar 1	angostar 1
amañar 1	amontonar 1	angustiar 17

anhelar 1	apalancar 1	apimpollarse 1
anidar 1	apalear 1	apiñar 1
anieblar 1	apañar 1	apiolar 1
anillar 1	aparar 1	apiparse 1
animalizar 1	aparcar 1	apisonar 1
animar 1	aparear 1	aplacar 1
aniñarse 1	aparecer 45	aplacer 45
aniquilar 1	aparejar 1	aplanar 1
anochecer 45	aparentar 1	aplanchar 1
anonadar 1	apartar 1	aplastar 1
anotar 1	apasionar 1	aplatanar 1
anquilosar 1	apayasar 1	aplaudir 18
ansiar 28	apear 1	aplazar 1
anteceder 2	apechar 1	aplicar 1
antecoger 2	apechugar 1	aplomar 1
antedatar 1	apedrear 1	apocar 1
anteponer 51	apegarse 1	apocopar 1
antever 73	apelar 1	apodar 1
anticipar 1	apelmazar 1	apoderar 1
antojarse 1	apelotonar 1	apolillar 1
antorchar 1	apellidar 1	apologizar 1
anudar 1	apenar 1	apoltronarse 1
anular 1	apencar 1	aponer 51
anunciar 17	aperar 1	apoquinar 1
añadir 3	apercibir 3	aporrear 1
añejar 1	apergaminarse 1	aporrillarse 1
añorar 1	apernar 19	aportar 1
aojar 1	aperrear 1	aportillar 1
aovar 1	apesadumbrar 1	aposentar 1
apabullar 1	apestar 1	apostar 22
apacentar 19	apestillar 1	apostatar 1
apaciguar 13	apetecer 45	apostillar 1
apadrinar 1	apiadar 1	apostrofar 1
apagar 1	apicararse 1	apoyar 1
apalabrar 1	apilar 1	apreciar 17

aprehender 2	arengar 1	arrepentirse 65
apremiar 17	argentar 1	arrestar 1
aprender 2	argüir 34	arriar 28
apresar 1	argumentar 1	arribar 1
aprestar 1	aridecer 45	arriesgar 1
apresurar 1	ariscarse 1	arrimar 1
apretar 19	armar 1	arrinconar 1
apretujar 1	armonizar 1	arriscar 1
aprisionar 1	aromar 1	arrobar 1
aprobar 22	aromatizar 1	arrodillar 1
apropiar 17	arpegiar 17	arrogarse 1
apropincuarse 13	arquear 1	arrojar 1
aprovechar 1	arracimarse 1	arrollar 1
aprovisionar 1	arraigar 1	arropar 1
aproximar 1	arramblar 1	arrostrar 1
apuntalar 1	arramplar 1	arroyar 1
apuntar 1	arrancar 1	arrugar 1
apuntillar 1	arranciarse 17	arruinar 1
apuñalar 1	arranchar 1	arrullar 1
apuñar 1	arrapar 1	arrumbar 1
apurar 1	arrasar 1	arrusticar 1
aquejar 1	arrastrar 1	articular 1
aquerenciarse 17	arrear 1	asaetear 1
aquietar 1	arrebatar 1	asalariar 17
aquilatar 1	arrebujar 1	asaltar 1
arañar 1	arreciar 17	asar 1
arar 1	arrecir 4	ascender 48
arbitrar 1	arrechuchar 1	asear 1
arbolar 1	arreglar 1	asechar 1
arbolecer 45	arregostarse 1	asedar 1
arborecer 45	arrellanarse 1	asediar 17
arcaizar 8	arremangar 1	asegurar 1
archivar 1	arremeter 2	asemejar 1
arder 2	arremolinarse 1	asentar 19
arenar 1	arrendar 19	asentir 65

aserrar 19	atar 1	atolondrar 1
asesinar 1	atardecer 45	atomizar 1
asesorar 1	atarear 1	atontar 1
asestar[1] 1	atarugar 1	atontolinar 1
asestar[2] 19	atascar 1	atorar (1) 1
aseverar 1	ataviar 28	atorar (2) 22
asfaltar 1	atediar 17	atormentar 1
asfixiar 17	atemorizar 1	atornillar 1
asignar 1	atemperar 1	atosigar 1
asilar 1	atenazar 1	atracar 1
asimilar 1	atender 48	atraer 70
asir **10**	atenebrarse 1	atragantar 1
asistir 3	atenerse 69	atrancar 1
asociar 17	atentar (1) 1	atrapar 1
asolar (1) 1	atentar (2) 19	atrasar 1
asolar (2) 22	atenuar 5	atravesar 19
asoldar 22	aterir 4	atreverse 2
asomar 1	aterrar (1) 1	atribuir 34
asombrar 1	aterrar (2) 19	atrincherar 1
asonantar 1	aterrizar 1	atrofiar 17
asonar 22	aterrorizar 1	atronar 22
aspar 1	atesorar 1	atropellar 1
aspaventar 19	atestar (1) 1	atufar 1
asperger 2	atestar (2) 19	aturdir 3
asperjar 1	atestiguar 13	aturrullar 1
aspirar 1	atibar 1	aturullar 1
asquear 1	atiborrar 1	atusar 1
astillar 1	atildar 1	auditar 1
astreñir 59	atinar 1	augurar 1
astringir 3	atiplar 1	aullar 11
asumir 3	atirantar 1	aumentar 1
asustar 1	atisbar 1	**aunar** **11**
atacar 1	atizar 1	aupar 11
atajar 1	atocinar 1	auscultar 1
atañer 68	atochar 1	ausentar 1

auspiciar 17	avisar 1	balizar......................1
autenticar 1	avispar 1	balsear 1
autentificar...............1	avistar 1	bambolear................1
autocensurar 1	avituallar..................1	banalizar 1
autodefinirse 3	avivar 1	banderillear..............1
autoeditar..................1	avocar 1	bañar........................1
autografiar 28	ayudar 1	baquetear 1
autoinducir..............20	ayunar 1	barajar......................1
automatizar...............1	azafranar..................1	baratear....................1
automedicarse...........1	azarar 1	barbarizar.................1
autorizar....................1	azogar 1	barbear.....................1
autorregularse 1	azorar........................1	barbechar.................1
autosugestionarse 1	azotar........................1	barbotear..................1
auxiliar **12**	azucarar 1	baremar....................1
avalar........................1	azufrar 1	barloar 1
avanecerse 45	azular........................1	barloventear.............1
avanzar 1	azulear 1	barnizar....................1
avasallar....................1	azuzar 1	barrar 1
avecinar 1		barrenar 1
avecindar 1	**B**	barrer 3
avejentar 1	babear 1	barritar.....................1
avenir.....................72	babosear...................1	barroquizar 1
aventajar 1	bachear 1	barruntar..................1
aventar...................19	**bailar**....................**14**	barzonear.................1
aventurar...................1	bailotear...................1	basar 1
avergonzar 22	bajar..........................1	bascular 1
averiar....................28	balancear 1	bastantear................1
averiguar **13**	balar..........................1	bastar 1
avezar 1	balbucear 1	bastardear 1
aviar......................28	balbucir[6] 3	batallar.....................1
aviciar....................17	balcanizar 1	batear.......................1
avigorar 1	baldar........................1	batir 3
avinagrar...................1	baldear 1	bautizar....................1

[6] No se usa en 1ª persona del presente de indicativo ni en ninguna persona del presente de subjuntivo.

beatificar 1	bollar 1	burlar 1
beber 3	bombardear 1	buscar 1
becar 1	bombear 1	buzonear 1
beldar 19	bonificar 1	**C**
bendecir [7] 52	boquear 1	cabalgar 1
beneficiar 17	bordar 1	cabecear 1
bermejear 1	bordear 1	**caber** **15**
berrear 1	borrar 1	cablear 1
besar 1	bosquejar 1	cablegrafiar 28
besuquear 1	bostezar 1	cabrear 1
bienquerer [8] 55	botar 1	cacarear 1
bienvivir 3	boxear 1	cachear 1
bifurcarse 1	boyar 1	cachondearse 1
bigardear 1	bracear 1	caducar 1
biografiar 28	bramar 1	**caer** **16**
birlar 1	brasear 1	cagar 1
bisar 1	brear 1	calar 1
bisbisear 1	bregar 1	calcar 1
biselar 1	brillar 1	calcificar 1
bizquear 1	brincar 1	calcinar 1
blandear 1	brindar 1	calcografiar 28
blandir 3	bromear 1	calcular 1
blanquear 1	broncear 1	caldear 1
blanquecer 45	brotar 1	calentar 19
blasfemar 1	brujear 1	calibrar 1
blindar 1	brujulear 1	calificar 1
bloquear 1	brumar 1	calmar 1
bobear 1	bruñir 41	calumniar 17
bobinar 1	bucear 1	calzar 1
bocezar 1	bufar 1	callar 1
bocinar 1	bufonizar 1	callejear 1
bogar 1	bullir 41	cambalachear 1
boicotear 1	burbujear 1	

[7] Participio: bendecido y bendito.

[8] Participio: bienquerido y bienquisto.

cambiar 17	carecer 45	cebar 1
camelar 1	cargar 1	cecear 1
caminar 1	cariar 28	cecinar 1
campanillear 1	caricaturizar 1	ceder 2
campar 1	carpir 3	cegar 19
campear 1	carraspear 1	cejar 1
camuflar 1	cartear 1	celar 1
canalizar 1	cartelear 1	celebrar 1
cancelar 1	cartografiar 28	cenar 1
canjear 1	casar 1	censar 1
canonizar 1	cascabelear 1	censurar 1
cansar 1	cascar 1	centellear 1
cantar 1	caseificar 1	centralizar 1
cantear 1	castañetear 1	centrar 1
canturrear 1	castellanizar 1	centrifugar 1
capacitar 1	castigar 1	centuplicar 1
capar 1	castrar 1	ceñir 59
capear 1	catalanizar 1	cepillar 1
capitalizar 1	catalizar 1	cercar 1
capitanear 1	catalogar 1	cercenar 1
capitular 1	catapultar 1	cerciorar 1
capotear 1	catar 1	cerner 48
capsular 1	catear 1	cernir 26
captar 1	categorizar 1	**cerrar 19**
capturar 1	catequizar 1	certificar 1
caracolear 1	catolizar 1	cesar 1
caracterizar 1	caucionar 1	ciar 28
carbonear 1	**causar 18**	cicatrizar 1
carbonizar 1	cautelar 1	cifrar 1
carburar 1	cauterizar 1	cilindrar 1
carcajear 1	cautivar 1	cimbrear 1
carcomer 2	cavar 1	cimentar 19
cardar 1	cavilar 1	cincelar 1
carear 1	cazar 1	cinematografiar 28

circuir 34	cocer 40	colorir 4
circular 1	cocinar 1	columpiar 17
circuncidar 1	codear 1	comadrear 1
circundar 1	codiciar 17	comandar 1
circunferir 65	codificar 1	comanditar 1
circunnavegar 1	codirigir 3	comarcar 1
circunscribir [9] 3	coexistir 3	combar 1
circunstanciar 17	coextenderse 48	combatir 3
circunvalar 1	coger 2	combinar 1
circunvolar 22	cohabitar 1	comedir 46
citar 1	cohechar 1	comentar 1
civilizar 1	coheredar 1	comenzar 19
cizañar 1	cohibir 53	**comer 2**
clamar 1	coincidir 3	comercializar 1
clarear 1	cojear 1	comerciar 17
clarecer 45	colaborar 1	cometer 2
clarificar 1	colapsar 1	comisionar 1
clasificar 1	colar 22	comisquear 1
claudicar 1	colear 1	compactar 1
clausular 1	coleccionar 1	compadecer 45
clausurar 1	colectar 1	compadrear 1
clavar 1	colegiar 17	compaginar 1
clavetear 1	colegir 46	comparar 1
climatizar 1	colgar 22	comparecer 45
clocar 22	colicuar 38	compartimentar 1
clorar 1	colicuecer 45	compartir 3
coaccionar 1	coligarse 1	compatibilizar 1
coadyuvar 1	colindar 1	compeler 2
coagular 1	colisionar 1	compendiar 17
coaligarse 1	colmar 1	compenetrarse 1
coartar 1	colocar 1	compensar 1
cobijar 1	colonizar 1	competer 3
cobrar 1	colorar 1	competir 46
cocear 1	colorear 1	compilar 1

[9] Participio: circunscrito.

compincharse............1	conculcar.................1	confundir.................3
complacer...............45	concurrir..................3	confutar....................1
complementar..........1	concursar..................1	congelar....................1
completar.................1	conchabar.................1	congeniar................17
complicar..................1	condecorar................1	congestionar.............1
componer................51	condenar...................1	conglomerar..............1
comportar.................1	condensar..................1	conglutinar................1
comprar....................1	condescender..........48	congraciar...............17
comprender...............2	condicionar...............1	congratular................1
comprimir..................3	condimentar..............1	congregar..................1
comprobar...............22	condolecerse...........45	conjeturar..................1
comprometer.............2	condoler..................40	conjugar....................1
compulsar.................1	condonar...................1	conjuntar....................1
compungir.................4	**conducir................20**	conjurar.....................1
computar...................1	conectar.....................1	conllevar....................1
computarizar.............1	conexionarse.............1	conmemorar..............1
comulgar...................1	confabular.................1	conmensurar.............1
comunicar.................1	confeccionar.............1	conminar...................1
concatenar................1	confederar.................1	conmocionar.............1
concebir..................46	conferenciar............17	conmover................40
conceder...................2	conferir...................65	conmutar...................1
concentrar.................1	confesar..................19	connaturalizar............1
conceptualizar..........1	confiar....................28	connotar....................1
conceptuar................5	configurar..................1	**conocer...................21**
concernir [10]...........26	confinar.....................1	conquistar.................1
concertar.................19	confirmar..................1	consagrar..................1
concienciar..............17	confiscar....................1	conseguir................46
conciliar..................17	confitar......................1	consensuar................5
concitar.....................1	conflagrar..................1	consentir.................65
concluir...................34	confluir....................34	conservar...................1
concomerse..............2	conformar..................1	considerar.................1
concordar...............22	confortar....................1	consignar...................1
concretar...................1	confraternizar............1	consistir....................3
concretizar................1	confrontar..................1	consolar..................22

[10] Sólo se conjuga en infinitivo, gerundio, participio y terceras personas.

consolidar 1	contrabalancear 1	conversar 1
consonantizar............1	contrabandear 1	convertir 65
consonar 22	contrabatir 3	convidar...................1
conspirar...................1	contradecir..............52	convivir 3
constar 1	contraer...................70	convocar 1
constatar 1	contrafallar 1	convulsionar 1
consternar 1	contrahacer 33	cooperar...................1
constipar 1	contraindicar.............1	cooptar......................1
constituir................34	contramandar 1	coordinar 1
constreñir................59	contraminar 1	copar........................1
construir.................34	contrapasar 1	copear 1
consultar 1	contrapesar 1	copiar.....................17
consumar 1	contraponer.............51	coproducir 20
consumir...................3	contraproponer 51	copular......................1
consustanciarse.........1	contrapuntear 1	coquetear 1
contabilizar 1	contrariar 28	corear........................1
contactar 1	contrarrestar..............1	coreografiar 28
contagiar 17	contrasellar 1	cornear......................1
contaminar................1	contraseñar 1	coronar......................1
contar.....................**22**	contrastar 1	corporeizar.............47
contemperar..............1	contratar....................1	corregir 46
contemplar................1	contravalar 1	correr 2
contemporizar...........1	contravenir...............72	corresponder............2
contender................48	contribuir.................34	corretear...................1
contener.................69	controlar 1	corroborar................1
contentar...................1	controvertir............65	corroer....................61
contestar 1	contundir 3	corromper 2
contextualizar 1	conturbar 1	cortar 1
contextuar.................5	contusionar 1	cortejar.....................1
continuar...................5	convalecer 45	corvar.......................1
contonearse...............1	convalidar 1	coscarse 1
contorcerse 40	convencer 2	cosechar...................1
contornear.................1	convenir...................72	coser 2
contorsionarse 1	converger..................2	cosificar....................1
contraatacar 1	convergir...................3	cosquillear 1

174

costar 22	cucharetear 1	charlatanear 1
costear 1	cuchichear 1	charlotear...................1
cotejar.......................1	cuestionar 1	charranear..................1
cotillear.....................1	cuidar........................1	chascar.......................1
cotizar.......................1	culebrear....................1	chasquear...................1
cotorrear 1	culminar.....................1	chatear 1
crear..........................1	culpabilizar................1	chequear 1
crecer 45	culpar.........................1	chiflar........................1
creer 37	cultivar.......................1	chillar........................1
crepitar......................1	culturizar 1	chinchar 1
criar 28	cumplimentar............1	chingar.......................1
cribar 1	cumplir 3	chirriar 28
criminalizar 1	cundir.........................3	chismorrear...............1
crisolar......................1	curar...........................1	chispear 1
crispar.......................1	curiosear 1	chisporrotear.............1
crispir........................3	currar 1	chistar 1
cristalizar..................1	cursar..........................1	chivar.........................1
cristianizar 1	curtir 3	chivatear 1
criticar 1	curvar.........................1	chocar 1
croar..........................1	custodiar 17	chocarrear..................1
cromar.......................1	chacotear 1	chochear 1
cronometrar 1	chafar.........................1	chorrear 1
crucificar 1	chalanear 1	chulear 1
crujir 3	chamuscar..................1	chupar........................1
cruzar........................1	chancear.....................1	chupetear 1
cuadrar......................1	chancletear.................1	chutar.........................1
cuadricular 1	chantajear 1	
cuadruplicar...............1	chapar 1	**D**
cuajar........................1	chapotear 1	damasquinar 1
cualificar...................1	chapucear...................1	damnificar 1
cuantificar.................1	chapurrar 1	danzar.........................1
cuartear.....................1	chapurrear..................1	dañar..........................1
cubrir [11] 3	chaquetear 1	**dar**........................**23**
cucharear 1	charlar........................1	datar...........................1

[11] Participio: cubierto.

175

deambular 1	defoliar 1	denostar 22
debatir....................3	deforestar................1	denotar.....................1
debelar 1	deformar 1	densificar 1
deber......................2	defraudar 18	dentar.....................19
debilitar 1	degenerar.................1	dentellear................1
debutar...................1	deglutir 3	denunciar...............17
decaer 16	degollar..................22	deparar....................1
decalcificar...............1	degradar..................1	departir 3
decantar 1	degustar 1	depauperar 1
decapar 1	deificar.....................1	depender 2
decapitar..................1	dejar........................1	depilar.....................1
decelerar..................1	delatar 1	deplorar 1
decepcionar 1	delegar 1	deponer 51
decidir......................3	deleitar...................47	deportar 1
decir 24	deletrear...................1	depositar 1
declamar 1	deliberar...................1	depravar...................1
declarar 1	delimitar 1	deprecar 1
declinar....................1	delinear....................1	depreciar................17
decodificar................1	delinquir 3	depredar...................1
decolorar..................1	delirar 1	deprimir 3
decomisar 1	deludir 3	depurar.....................1
deconstruir..............34	demacrar 1	derivar 1
decorar....................1	demandar 1	derogar.....................1
decrecer 45	demarcar 1	derramar 1
decrepitar.................1	demarrar 1	derrapar 1
decretar...................1	democratizar............1	derrengar 1
dedicar....................1	demoler..................40	derretir..................46
deducir...................20	demorar 1	derribar 1
defalcar....................1	demostrar...............22	derrocar 1
defecar 1	demudar 1	derrochar 1
defender.................48	denegar 19	derrotar 1
defenestrar 1	denegrir 3	derrubiar 17
definir......................3	denigrar 1	derruir...................34
deflactar...................1	denodarse.................1	derrumbar 1
deflagrar 1	denominar................1	desabastecer...........45

desabollar 1	desafilar 1	desamorrar 1
desabonarse 1	desafinar 1	desamortizar 1
desabotonar 1	desaforar 22	desamotinarse 1
desabrir 4	desagradar 1	desamparar 1
desabrochar 1	desagradecer 45	desamueblar..............1
desacalorarse 1	desagraviar 17	desanclar...................1
desacatar 1	desagregar 1	desancorar 1
desaceitar................47	desaguar...................13	desandar....................9
desacelerar................1	desahijar 8	desangrar 1
desacerbar.................1	desahitarse 1	desanidar 1
desacertar..................1	desahogar..................1	desanimar 1
desaclimatar..............1	desahuciar.......17 y 18	desanudar..................1
desacobardar.............1	desahumar 1	desaparcar.................1
desacomodar.............1	desairar 1	desaparear.................1
desacompañar 1	desaislarse 8	desaparecer............45
desaconsejar 1	desajustar..................1	desapasionar 1
desacoplar..................1	desalar 1	desapegar..................1
desacordar 22	desalentar................19	desapestar 1
desacorralar 1	desalfombrar.............1	desaplicar...................1
desacostumbrar.........1	desalhajar..................1	desapoderar 1
desacotar...................1	desalinear..................1	desapolillar 1
desacralizar...............1	desalinizar 1	desaposentar 1
desacreditar 1	desaliñar 1	desapoyar...................1
desactivar..................1	desalivar 1	desapreciar..............17
desacuartelar.............1	desalmar 1	desaprensar...............1
desadeudar................6	desalmidonar 1	desapretar 19
desadormecer..........45	desalojar 1	desaprisionar 1
desadornar 1	desalquilar 1	desaprobar 22
desadvertir 65	desalterar 1	desapropiarse..........17
desafear 1	desamar 1	desaprovechar...........1
desafectar..................1	desamarar 1	desapuntalar..............1
desafeitar................47	desambiguar 13	desapuntar 1
desaferrar..................1	desamistarse 1	desarbolar 1
desafiar 28	desamoblar 22	desarenar 1
desaficionar 1	desamoldar 1	desarmar 1

177

desarraigar 1	desavisar 1	descampar 1
desarreglar 1	desayudar 1	descansar 1
desarrendar 19	desayunar 1	descantillar 1
desarrimar 1	desazonar 1	descapitalizar 1
desarrollar 1	desbancar 1	descapotar 1
desarropar 1	desbandarse 1	descararse 1
desarrugar 1	desbarajustar 1	descargar 1
desarrumar 1	desbaratar 1	descarnar 1
desarticular 1	desbarrar 1	descarriar 28
desasear 1	desbastar 1	descarrilar 1
desasegurar 1	desbloquear 1	descartar 1
desasir 10	desbocar 1	descasar 1
desasistir 3	desbordar 1	descascar 1
desasociar 17	desbotonar 1	descascarar 1
desasosegar 19	desbravar 1	descascarillar 1
desatacar 1	desbravecer 45	descaspar 1
desatar 1	desbridar 1	descastar 1
desatascar 1	desbrozar 1	descender 48
desataviar 17	descabalar 1	descentralizar 1
desatender 48	descabalgar 1	descentrar 1
desatesorar 1	descabellar 1	desceñir 59
desatibar 1	descabezar 1	descercar 1
desatinar 1	descabritar 1	descerebrar 1
desatolondrar 1	descabullirse 41	descerrar 19
desatontarse 1	descacharrar 1	descifrar 1
desatorar 1	**descafeinar 25**	descimentar 19
desatornillar 1	descalabrar 1	desclasar 1
desatracar 1	descalcar 1	desclasificar 1
desatrampar 1	descalcificar 1	desclavar 1
desatrancar 1	descalentarse 19	descoagular 1
desatufarse 1	descalificar 1	descocarse 1
desaturdir 3	descalzar 1	descodar 1
desautorizar 1	descamar 1	descodificar 1
desavenir 72	descambiar 1	descolar 1
desaviar 28	descaminar 1	descolgar 22

descolmar 1	desconvenir 72	desemborrachar 1
descolocar................1	desconvidar 1	desemboscarse..........1
descolonizar..............1	descorazonar..............1	desembotar 1
descolorar 1	descorchar 1	desembozar...............1
descolorir.................4	descornar 22	desembragar 1
descollar 22	descorrer...................2	desembravecer........45
descomedirse 46	descoser....................2	desembrazar..............1
descompaginar..........1	descoyuntar 1	desembriagar 1
descompasarse..........1	descreer 37	desembrollar.............1
descompensar 1	descremar 1	desembrujar..............1
descompletar 1	describir [12] 3	desembuchar..............1
descomponer 51	descruzar 1	desemejar..................1
descomprimir............3	descuadernar..............1	desempacar...............1
descomulgar 1	descuadrar 1	desempachar..............1
desconceptuar...........5	descuajaringar 1	desempalagar.............1
desconcertar............19	descuartizar 1	desempalmar 1
desconchar................1	descubrir [13]................3	desempapelar.............1
desconectar...............1	descuidar 1	desempaquetar...........1
desconfiar................28	desdecir [14] 24	desemparejar 1
desconformar............1	desdentar 19	desempatar.................1
descongelar...............1	desdeñar....................1	desempedrar 19
descongestionar........1	desdoblar 1	desempeñar...............1
descongojar 1	desear.........................1	desempolvar 1
desconocer..............21	desechar.....................1	desempuñar 1
desconsentir............65	deselectrizar..............1	desenamorar 1
desconsiderar............1	desembalar................1	desenamorar 1
desconsolar.............22	desembarcar..............1	desencadenar 1
descontaminar 1	desembargar 1	desencajar..................1
descontar 22	desembarrancar 1	desencajonar..............1
descontentar..............1	desembebecerse......45	desencaminar............1
descontinuar 5	desembocar................1	desencantar 1
descontrolar..............1	desembolsar...............1	desencapar 1

[12] Participio: descrito.
[13] Participio: descubierto.
[14] 2ª persona singular del imperativo: desdice.

desencapotar............1	desenhornar.............1	desenvergar..............1
desencaprichar..........1	desenjaular..............18	desenvolver [15]........40
desencarcelar............1	desenlazar.................1	desequilibrar............1
desencargar...............1	desenlodar 1	desertar.....................1
desencarnar...............1	desenlosar.................1	desertificar...............1
desencerrar............19	desenlutar.................1	desertizar..................1
desencoger.................2	desenmallar 1	desesperanzar 1
desencolar..................1	desenmarañar............1	desesperar.................1
desencolerizar...........1	desenmascarar...........1	desestabilizar............1
desenconar.................1	desenmohecer........45	desestimar.................1
desencordar 22	desenmudecer........45	desestimar.................1
desencorvar 1	desenojar 1	desfalcar 1
desencovar..............22	desenraizar................1	desfallecer 45
desencrespar 1	desenredar 1	desfasar.....................1
desencuadernar.........1	desenrollar 1	desfavorecer 45
desenchufar 1	desenroscar...............1	desfibrar....................1
desendiosar................1	desenrudecer...........45	desfigurar..................1
desendiosar................1	desensamblar 1	desfilar......................1
desenfadar 1	desensañar 1	desflocar 22
desenfilar....................1	desensartar................1	desflorar....................1
desenfocar 1	desenseñar 1	desfogar 1
desenfrenar 1	desensoberbecer 45	desfondar..................1
desenfundar 1	desentablar................1	desforestar 1
desenfurecer 45	desentenderse 48	desfortalecer 45
desenfurruñar............1	desenterrar..............19	desgañitarse..............1
desenganchar............1	desentoldar 1	desgarrar....................1
desengañar................1	desentonar.................1	desgastar....................1
desengarzar...............1	desentorpecer.........45	desglosar....................1
desengastar................1	desentrañar 1	desgobernar 19
desengomar 1	desentrenar 1	desgomar 1
desengranar 1	desentronizar 1	desgraciar 17
desengrasar................1	desentumecer..........45	desgravar 1
desengrosar............22	desentumir................3	desguarnecer..........45
desenhebrar 1	desenvainar...............1	desguazar..................1

[15] Participio: desenvuelto.

desguazar................1	desinformar 1	desmemoriarse..........1
deshabitar 1	desinhibir...................3	desmentir................65
deshabituar 5	desinsectar................1	desmenuzar...............1
deshacer..................33	desintegrar................1	desmerecer..............45
deshebrar..................1	desinteresarse 1	desmesurar................1
deshelar...................19	desintoxicar 1	desmigar 1
desherbar................19	desinvernar.......1 y 19	desmilitarizar............1
desheredar 1	desistir.......................3	desmitificar...............1
deshermanar 1	desjuntar...................1	desmochar 1
desherrar.................19	deslateralizar 1	desmontar 1
deshidratar................1	deslavar 1	desmoralizar 1
deshilachar................1	deslavazar.................1	desmoronar 1
deshilvanar 1	deslegalizar...............1	desmotivar 1
deshincar 1	desleír......................58	desmovilizar 1
deshinchar 1	deslendrar................19	desnatar 1
deshipotecar..............1	deslenguar 13	desnaturalizar 1
deshojar 1	desliar......................28	desnivelar 1
deshollinar................1	desligar.....................1	desnortarse................1
deshonrar..................1	deslindar...................1	desnucar....................1
deshumanizar............1	deslizar 1	desnudar 1
deshumedecer.........45	deslucir 39	desnutrirse 3
designar....................1	deslumbrar................1	desobedecer 45
desigualar 1	deslustrar 1	desobstruir 34
desilusionar 1	desmadejar................1	desocupar..................1
desimaginar 1	desmadrar 1	desodorizar 1
desimponer..............51	desmajolar 22	desoír......................43
desimpresionar 1	desmantelar 1	desojar 1
desincentivar 1	desmaquillar 1	desolar 22
desinclinar 1	desmarcar 1	desoldar 22
desincorporar............1	desmayar 1	desollar 22
desincrustar 1	desmedirse..............46	desoprimir 3
desinfartar.................1	desmejorar................1	desorbitar..................1
desinfectar 1	desmelar 19	desordenar 1
desinflamar...............1	desmelenar................1	desorganizar 1
desinflar....................1	desmembrar 19	desorientar................1

desosar...............22	despintar..............1	destajar..............1
desovar................1	despiojar..............1	destapar..............1
desoxidar..............1	despistar..............1	destapiar.............17
desoxigenar............1	desplacer.............45	destejer...............2
despabilar.............1	desplantar.............1	destellar..............1
despachar..............1	desplazar..............1	destemplar.............1
despachurrar...........1	desplegar.............19	destensar..............1
despanzurrar...........1	desplomar..............1	desteñir..............59
desparejar.............1	desplumar..............1	desterrar.............19
desparramar............1	despoblar.............22	destetar...............1
desparratar............1	despojar...............1	destilar...............1
despechar..............1	despolitizar...........1	destinar...............1
despechugar............1	desposar...............1	destituir.............34
despedazar.............1	desposeer.............37	destorcer.............40
despedir..............46	despotizar.............1	destornillar...........1
despedrar.............19	despotricar............1	destrenzar.............1
despegar...............1	despreciar............17	destripar..............1
despeinar.............47	desprender.............2	destrocar.............22
despejar...............1	despreocuparse.........1	destronar..............1
despelotarse...........1	desprestigiar.........17	destroncar.............1
despellejar............1	despresurizar..........1	destrozar..............1
despenalizar...........1	desprivatizar..........1	destruir..............34
despeñar...............1	desproporcionar........1	destullecer...........45
despepitar.............1	desproteger............2	desubicar..............1
despercudir............3	desproveer [16].......37	desuncir...............3
desperdiciar..........17	despuntar..............1	desunir................3
desperdigar............1	desquerer.............55	desusar................1
desperezarse...........1	desquiciar............17	desustanciar...........1
despernar.............19	desquitar..............1	desvaír...........4 y 34
despersonalizar........1	desraizar..............8	desvalijar.............1
despertar.............19	desratizar.............1	desvalorizar...........1
despezar..............19	desriñonar.............1	desvanecer............45
despiezar..............1	desrizar...............1	desvariar.............28
despilfarrar...........1	destacar...............1	desvedar...............1

[16] Participio: desprovisto y desproveído.

desvelar 1	diagnosticar 1	diptongar 1
desvencijar...............1	dializar......................1	dirigir........................3
desvendar..................1	dialogar.....................1	dirimir.......................3
desventar 19	diamantar..................1	**discernir** **26**
desvergonzarse 22	dibujar 1	disciplinar................1
desvestir..................46	dictaminar.................1	discontinuar 5
desviar 28	dictar.........................1	disconvenir 72
desvincular 1	dietar.........................1	discordar.................22
desvirgar...................1	diezmar.....................1	discrepar 1
desvirtuar..................5	difamar 1	discriminar...............1
desvitrificar 1	diferenciar...............17	disculpar 1
desvivirse..................3	diferir 65	discurrir 3
desyerbar 1	dificultar 1	discursear.................1
desyugar 1	difluir......................34	discutir.....................3
detallar......................1	difractar 1	disecar 1
detectar 1	difuminar..................1	diseccionar...............1
detener 69	difundir.....................3	diseminar 1
detentar 1	digerir 65	disentir 65
deterger.....................2	digitalizar..................1	diseñar 1
deteriorar 1	dignarse 1	disertar.....................1
determinar 1	dignificar 1	disfrazar...................1
detestar 1	dilacerar....................1	disfrutar 1
detonar......................1	dilapidar....................1	disgregar..................1
detraer 69	dilatar........................1	disgustar 1
devaluar....................5	diligenciar...............17	disidir.......................3
devanar 1	dilucidar....................1	disimilar...................1
devanear 1	diluir 34	disimular..................1
devastar 1	diluviar 17	disipar......................1
devengar 1	dimanar.....................1	dislocar 1
devenir....................72	dimitir 3	disminuir 34
devolver [17] 40	dinamitar 1	disociar 17
devorar......................1	dinamizar..................1	disolver [18] 40
dezmar 19	diplomar 1	disonar....................22

[17] Participio: devuelto.
[18] Participio: disuelto.

disparar 1	dominar 1	egresar 1
disparatar 1	donar 1	ejecutar 1
dispensar 1	dopar 1	ejemplarizar 1
dispersar 1	dorar 1	ejemplificar 1
displacer 45	**dormir 27**	ejercer 2
disponer 51	dormitar 1	ejercitar 1
disputar 1	dosificar 1	elaborar 1
distanciar 17	dotar 1	electrificar 1
distar 1	dragar 1	electrizar 1
distender 48	dramatizar 1	electrocutar 1
distinguir 3	drapear 1	electrolizar 1
distorsionar 1	drenar 1	elegir 46
distraer 70	drogar 1	elevar 1
distribuir 34	duchar 1	elidir 3
disturbar 1	dudar 1	eliminar 1
disuadir 3	dulcificar 1	elogiar 17
divagar 1	duplicar 1	elongar 1
divergir 3	durar 1	elucidar 1
diversificar 1		elucubrar 1
divertir 65	**E**	eludir 3
dividir 3	eclipsar 1	emanar 1
divinizar 1	eclosionar 1	emancipar 1
divisar 1	economizar 1	embadurnar 1
divorciar 17	ecualizar 1	embaír 4
divulgar 1	echar 1	embalar 1
doblar 1	edificar 1	embaldosar 1
doblegar 1	editar 1	embalsamar 1
doctorar 1	editorializar 1	embalsar 1
documentar 1	educar 1	embarazar 1
dogmatizar 1	educir 20	embarbecer 45
dolar 22	edulcorar 1	embarcar 1
doler 40	efectuar 5	embargar 1
domar 1	efigiar 17	embarnecer 45
domesticar 1	eflorecerse 45	embarnizar 1
domiciliar 17	efluir 34	embarrancar 1

embarrar 1	embotellar 1	empaquetar 1
embarullar 1	embovedar 1	emparedar 1
embastecer 45	embozar 1	emparejar 1
embaucar 18	embragar 1	emparentar 19
embaular 11	embravecer 45	emparrar 1
embebecer 45	embrazar 1	empastar 1
embeber 2	embriagar 1	empatar 1
embelesar 1	embridar 1	empecer [19] 45
embellaquecerse 45	embrollar 1	empecinar 1
embellecer 45	embrujar 1	empedernir [20] 3
embeodar 1	embrutecer 45	empedrar 19
embermejar 1	embuchar 1	empeñar 1
embermejecerse 45	embudar 1	empeorar 1
emberrenchinarse 1	embullar 1	empequeñecer 45
emberrincharse 1	embutir 3	empercudir 3
embestir 46	emerger 2	emperifollar 1
embetunar 1	emigrar 1	emperrarse 1
emblandecer 45	emitir 3	empezar 19
emblanquecer 45	emocionar 1	empicarse 1
emblematizar 1	empacar 1	empinar 1
embobar 1	empachar 1	empingorotar 1
embobecer 45	empadrarse 1	empitonar 1
embobinar 1	empadronar 1	emplastar 1
embocar 1	empalagar 1	emplastecer 45
embolsar 1	empalar 1	emplazar 1
emboquillar 1	empalidecer 45	emplear 1
emborrachar 1	empalizar 1	emplomar 1
emborrascar 1	empalmar 1	emplumar 1
emborrizar 1	empanar 1	emplumecer 45
emborronar 1	empantanar 1	empobrecer 45
emboscar 1	empañar 1	empodrecer 45
embosquecer 45	empapar 1	empoltronecerse 45
embotar 1	empapelar 1	empolvar 1

[19] Sólo se conjuga en las terceras personas.
[20] Sólo en infinitivo y participio.

empollar............1	encaminar............1	enceguecer............45
emponzoñar............1	encanallar............1	encelar............1
emporcar............22	encandecer............45	enceldar............1
emporrarse............1	encandelar............1	encender............48
empotrar............1	encandilar............1	encerar............1
emprender............2	encanecer............45	encerrar............19
empujar............1	encanijar............1	encestar............1
empuñar............1	encantar............1	encintar............1
emular............1	encañonar............1	encizañar............1
emulsionar............1	encapotar............1	enclaustrar............18
enaceitar............47	encapricharse............1	enclavar............1
enajenar............1	encapsular............1	enclocar............22
enaltecer............45	encapuchar............1	encofrar............1
enamarillecer............45	encaramar............1	encoger............2
enamorar............1	encaramar............1	encolar............1
enamoriscarse............1	encarar............1	encolerizar............1
enarbolar............1	encarcelar............1	encomendar............19
enarcar............1	encarecer............45	encomiar............17
enardecer............45	encargar............1	enconar............1
enarenar............1	encariñar............1	encontrar............22
enarenar............1	encarnar............1	encopetar............1
encabellecerse............45	encarnecer............45	encorar............22
encabezar............1	encarnizar............1	encorbatarse............1
encabritarse............1	encarpetar............1	encordar............22
encabronar............1	encarrilar............1	encorecer............45
encadenar............1	encartar............1	encorsetar............1
encajar............1	encasillar............1	encorvar............1
encajonar............1	encasquetar............1	encovar............22
encalar............1	encasquillar............1	encrespar............1
encalvecer............5	encastrar............1	encrudecer............45
encallar............1	encastrar............1	encruelecer............45
encallecer............45	encausar............18	encuadernar............1
encallejonar............1	encauzar............18	encuadrar............1
encamar............1	encebollar............1	encubar............1

[21] Participio: encubierto.

encubrir [21] 3	enfrentar 1	enguatar 1
encuestar..................1	enfriar 28	engullir 41
encumbrar.................1	enfundar...................1	engurrumir...............3
encurtir 3	enfurecer.................45	engurruñar 1
encharcar 1	enfurruñarse..............1	enhastiar 28
enchironar................1	enfurtir....................3	enhebrar...................1
enchufar...................1	engalanar 1	enhestar 19
endemoniar.............17	enganchar 1	enhornar...................1
endentar 19	engañar 1	enjabonar 1
endentecer 45	engarrotar 1	enjarciar..................17
enderezar 1	engarzar 1	enjaretar...................1
endeudarse................6	engastar 1	enjaular..................18
endiablar..................1	engatusar 1	enjoyar.....................1
endilgar....................1	engaviar 17	enjuagar 1
endiñar.....................1	engendrar..................1	enjugar 1
endiosar 1	englobar...................1	enjuiciar..................17
endosar 1	englutir 3	enjuncar...................1
endulzar 1	engolar.....................1	enlabiar...................17
endurecer 45	engolfar 1	enlaciar 17
enemistar 1	engolosinar 1	enladrillar 1
enervar.....................1	engolliparse 1	enlatar 1
enfadar 1	engomar....................1	enlazar 1
enfajar......................1	engominarse 1	enlejiar...................28
enfangar...................1	engorar...................22	enlenzar 19
enfatizar...................1	engordar....................1	enlobreguecer 45
enfebrecer...............45	engoznar 1	enlodar.....................1
enfermar 1	engranar 1	enloquecer 45
enfervorecer............45	engrandecer 45	enlosar 1
enfervorizar 1	engrasar 1	enlucir.....................39
enfierecerse 45	engravecer 45	enlustrecer 45
enfilar 1	engreír 58	enlutar......................1
enflaquecer 45	engrescar 1	enllentecer 45
enfocar.....................1	engrosar 22	enllocar...................22
enfranquecer 45	engrumecerse..........45	enmadrarse 1
enfrascar 1	enguachinar 1	enmagrecer.............45

enmalecer 45	enriscar 1	entablar 1
enmarañar 1	enrodar...................22	entablillar..................1
enmarcar..................1	enrojar 1	entalegar 1
enmaridar.................1	enrojecer................45	entallar.....................1
enmarillecerse 45	enrolar 1	entallecer 45
enmascarar...............1	enrollar 1	entarimar 1
enmasillar 1	enronquecer...........45	entender.................48
enmelar 19	enroñar.....................1	entenebrecer 45
enmendar...............19	enroscar 1	enterar......................1
enmohecer 45	enrubiar 17	enternecer...............45
enmollecer 45	enrudecer................45	enterrar 19
enmoquetar...............1	enruinecer...............45	entibar......................1
enmudecer 45	ensalobrarse.............1	entibiar...................17
enmugrecer.............45	ensalzar....................1	entigrecerse 45
enmustiar 17	ensamblar 1	entintar.....................1
enneciarse...............17	ensanchar.................1	entoldar....................1
ennegrecer 45	ensandecer 45	entonar 1
ennoblecer..............45	ensangrentar 19	entontecer 45
ennoviarse 17	ensañar.....................1	entorchar..................1
ennudecer 45	ensarmentar 19	entornar 1
enojar........................1	ensarnecer..............45	entorpecer..............45
enorgullecer...........45	ensartar 1	entortar 22
enquiciar.................17	ensayar.....................1	entrampar.................1
enquistar 1	enseñar.....................1	entrañar....................1
enrabiar...................17	enseñorear 1	entrar 1
enrabietar..................1	ensilvecerse 45	entreabrir 3
enraizar.....................8	ensillar......................1	entrecerrar 19
enralecer 45	ensimismarse 1	entrecoger.................2
enranciar.................17	ensoberbecer..........45	entrecomillar 1
enrarecer 45	ensolver 40	entrecortar 1
enreciar...................17	ensombrecer 45	entrecruzar................1
enredar......................1	ensoñar...................22	entrechocar...............1
enrejar.......................1	ensordecer 45	entredecir................24
enrigidecer.............45	ensortijar...................1	entredormirse..........27
enriquecer..............45	ensuciar 17	entregar.....................1

entrelazar 1	envanecer................45	escabullir 41
entrelucir 39	envarar.......................1	escacharrar...............1
entremediar............17	envasar.......................1	escaecer 45
entremeter................2	envejecer 45	escalar.......................1
entremezclar 1	envenenar 1	escaldar.....................1
entrenar.....................1	enverdecer 45	escalfar 1
entreoír 43	**enviar**......................**28**	escalofriar...............28
entreparecerse........45	enviciar....................17	escalonar...................1
entrepernar.............19	envidiar....................17	escamar.....................1
entresacar..................1	envilecer..................45	escamochar...............1
entretejer...................2	enviudar.....................1	escamondar...............1
entretelar...................1	envolver [22] 40	escamotear................1
entretener................69	enyesar.......................1	escampar...................1
entretomar 1	enyugar......................1	escampar...................1
entrever...................73	enzarzar 1	escanciar.................17
entreverar..................1	enzurdecer 45	escandalizar...............1
entrevistar.................1	equidistar 1	escandir 3
entristecer...............45	equilibrar 1	escanear.....................1
entrometer 2	equipar.......................1	escantillar 1
entronar 1	equiparar....................1	escapar......................1
entroncar...................1	equivaler..................71	escaquear...................1
entronizar..................1	equivocar 1	escarbar 1
entubar......................1	ergotizar.....................1	escarchar...................1
entullecer................45	**erguir** **29**	escariar 17
entumecer...............45	erigir 3	escarmentar 19
entumirse 3	erizar..........................1	escarnecer...............45
entupir 3	erogar.........................1	escarpar 1
enturbiar 17	erosionar....................1	escasear 1
entusiasmar...............1	erotizar.......................1	escatimar 1
enumerar...................1	erradicar.....................1	escayolar...................1
enunciar 17	**errar**.......................**30**	escenificar 1
envaguecer.............45	eructar.......................1	escindir 3
envainar..................14	esbozar.......................1	esclarecer...............45
envalentonar 1	escabechar 1	esclavizar..................1

[22] Participio: envuelto.

esclerosar............1	esgrafiar............28	esponjar............1
esclerotizar............1	esgrimir............3	esponsorizar............1
escocer............40	esguazar............1	esposar............1
escoger............2	eslabonar............1	espulgar............1
escolar............22	esmaltar............1	espumar............1
escolarizar............1	esmerar............1	esputar............1
escoliar............17	esmerilar............1	esquejar............1
escoltar............1	esnifar............1	esquematizar............1
escollar............1	espabilar............1	esquiar............28
escombrar............1	espaciar............17	esquilar............1
esconder............2	espachurrar............1	esquilmar............1
escoñar............1	espantar............1	esquinar............1
escopetear............1	españolear............1	esquivar............1
escorar............1	españolizar............1	estabilizar............1
escoriar............17	esparcir............3	establecer............45
escorzar............1	espatarrarse............1	estacar............1
escotar............1	especializar............1	estacionar............1
escotar............1	especificar............1	estafar............1
escribir [23]............3	especular............1	estallar............1
escriturar............1	espejear............1	estampar............1
escrupulizar............1	espeluznar............1	estancar............1
escrutar............1	esperanzar............1	estandarizar............1
escuadrar............1	esperar............1	**estar............31**
escuchar............1	espesar............1	estarcir............3
escudar............1	espetar............1	estatalizar............1
escudriñar............1	espiar............28	estatificar............1
esculcar............1	espichar............1	estatuir............34
esculpir............3	espigar............1	estercolar............1
escullir............41	espirar............1	estereotipar............1
escupir............3	espiritualizar............1	esterilizar............1
escurrir............3	esplender............2	estibar............1
esdrujulizar............1	espolear............1	estigmatizar............1
esforzar............22	espoliar............17	estilar............1
esfumar............1	espolvorear............1	estilizar............1

[23] Participio: escrito.

estimar...................1	evadir....................3	exhibir...................3
estimular................1	evaluar...................5	exhortar.................1
estipendiar.............17	evanescer...............2	exhumar.................1
estipular.................1	evangelizar.............1	exigir......................3
estirar......................1	evaporar..................1	exiliar....................17
estofar.....................1	evaporizar...............1	eximir.....................3
estomagar...............1	evidenciar.............17	existir.....................3
estoquear................1	evitar......................1	exonerar.................1
estorbar...................1	evocar.....................1	exorcizar................1
estordir....................3	evolucionar............1	exornar...................1
estornudar...............1	exacerbar................1	expandir.................3
estragar...................1	exagerar..................1	expansionar............1
estrangular..............1	exaltar.....................1	expatriar...............12
estratificar...............1	examinar.................1	expectorar..............1
estrechar.................1	exasperar................1	expedientar............1
estregar.................19	excandecer............45	expedir..................46
estrellar...................1	excarcelar...............1	expeler....................2
estremecer.............45	excavar...................1	expender.................2
estrenar...................1	exceder...................2	experimentar...........1
estreñir..................59	excepcionar............1	expiar...................28
estresar...................1	exceptuar................5	expirar....................1
estriar...................28	excitar.....................1	explayar..................1
estribar....................1	exclamar.................1	explicar...................1
estropear.................1	exclaustrar............18	explicitar................1
estructurar...............1	excluir..................34	explicotear..............1
estrujar....................1	excogitar.................1	explorar..................1
estudiar.................17	excomulgar.............1	explosionar.............1
estuprar...................1	excoriar................17	explotar..................1
esturrear..................1	excrementar............1	expoliar................17
eterizar....................1	excretar...................1	exponer................51
eternizar..................1	exculpar..................1	exportar..................1
etimologizar............1	excusar...................1	expresar..................1
etiquetar..................1	execrar....................1	exprimir..................3
europeizar..............25	exfoliar.................17	expropiar..............17
evacuar..................13	exhalar....................1	expugnar................1

expulsar 1	falsear 1	filtrar..........................1
expurgar...................1	falsificar....................1	finalizar 1
extasiar 28	faltar 1	financiar..................17
extender 48	fallar 1	fingir 3
extenuar 5	fallecer....................45	finiquitar...................1
exteriorizar 1	familiarizar 1	firmar.........................1
exterminar 1	fanatizar....................1	fiscalizar 1
extinguir 3	fanfarronear 1	fisgar..........................1
extirpar 1	fantasear 1	fisgonear 1
extorsionar................1	fardar 1	flagelar.......................1
extractar....................1	farfullar.....................1	flamear.......................1
extraditar 1	farolear 1	flanquear....................1
extraer....................70	fascinar 1	flaquear......................1
extralimitarse............1	fastidiar...................17	flechar........................1
extranjerizar..............1	fatigar 1	fletar 1
extrañar.....................1	favorecer..................45	flexionar 1
extrapolar..................1	faxear........................1	flirtear 1
extraviar..................28	fecundar....................1	flojear 1
extremar....................1	fechar........................1	florar..........................1
exudar.......................1	federar.......................1	florear 1
exulcerar...................1	felicitar 1	florecer 45
exultar.......................1	fenecer....................45	flotar 1
eyacular 1	feriar 17	fluctuar 5
eyectar 1	fermentar 1	fluidificar...................1
	ferrar.......................19	fluir.........................34
F	fertilizar 1	fluorar 1
fabricar 1	festejar 1	foguear.......................1
fabular 1	festonear 1	foliar 17
facilitar 1	fiar 28	follar (1) 1
facturar 1	fichar.........................1	follar (2) 22
facultar......................1	figurar........................1	fomentar 1
faenar........................1	fijar 1	fondear.......................1
fagocitar....................1	filiar 17	forcejear.....................1
fajar 1	filmar.........................1	forjar..........................1
faldear.......................1	filosofar 1	formalizar 1

formar 1	fruncir 3	gastar 1
formatear 1	frustrar 1	gatear 1
formular 1	frutecer 45	geminar 1
fornicar 1	fugar 1	gemir 46
forrar 1	fulgir 3	generalizar 1
fortalecer 45	fulgurar 1	generar 1
fortificar 1	fulminar 1	germanizar 1
forzar 22	fumar 1	germinar 1
fosforecer 45	fumigar 1	gestar 1
fosilizar 1	funcionar 1	gesticular 1
fotocopiar 17	fundamentar 1	gestionar 1
fotograbar 1	fundar 1	gimotear 1
fotografiar 28	fundir 3	girar 1
fracasar 1	fungir 3	gitanear 1
fraccionar 1	fusilar 1	glasear 1
fracturar 1	fusionar 1	globalizar 1
fragmentar 1	fustigar 1	gloriar 28
fraguar 13		glorificar 1
frangir 3	**G**	glosar 1
frangollar 1	gafar 1	glotonear 1
franquear 1	galantear 1	gobernar 19
frasear 1	galardonar 1	golear 1
fraternizar 1	galopar 1	golfear 1
frecuentar 1	galvanizar 1	golosear 1
fregar 19	ganar 1	golpear 1
freír [24] 58	gandulear 1	gorjear 1
frenar 1	gangrenarse 1	gorronear 1
fresar 1	gansear 1	gotear 1
friccionar 1	gañir 41	gozar 1
frisar 1	garabatear 1	grabar 1
frivolizar 1	garantir 4	gradar 1
frotar 1	garantizar 1	graduar 5
fructificar 1	gasear 1	gramaticalizarse 1
fruir 34	gasificar 1	granar 1

[24] Participio: frito y freído.

grandisonar 22	hacendar 19	hincar 1
granizar 1	**hacer** **33**	hinchar 1
granjear 1	hacinar 1	hipar 1
granular 1	halagar 1	hipertrofiarse 17
grapar 1	hallar 1	hiperventilar 1
gratificar 1	haraganear 1	hipnotizar 1
gratinar 1	hartar 1	hipotecar 1
gravar 1	hastiar 28	hispanizar 1
gravitar 1	hebraizar 1	historiar 12
graznar 1	hechizar 1	hocicar 1
grillarse 1	heder 48	hojaldrar 1
gripar 1	helar 19	hojear 1
gritar 1	helenizar 1	holgar 22
gruir 34	henchir 46	holgazanear 1
gruñir 41	hender 48	hollar 22
guapear 1	hendir 26	homenajear 1
guardar 1	heñir 59	homogeneizar 47
guarecer 45	herbar 19	homologar 1
guarnecer 45	heredar 1	hondear 1
guarnir 3	herir 65	honrar 1
guarrear 1	hermanar 1	hormiguear 1
guerrear 1	hermanecer 45	hornear 1
guerrillear 1	hermetizar 1	horripilar 1
guiar 28	hermosear 1	horrorizar 1
guillotinar 1	herniarse 17	hospedar 1
guiñar 1	herrar 19	hospitalizar 1
guisar 1	herrumbrar 1	hostigar 1
gustar 1	herventar 19	hostilizar 1
	hervir 65	**huir** **34**
H	hibernar .... 1 y 19	humanizar 1
haber **32**	hibridar 1	humear 1
habilitar 1	hidratar 1	humectar 1
habitar 1	higienizar 1	humedecer 45
habituar 5	hilar 1	humillar 1
hablar **1**	hilvanar 1	hundir 3

huracanarse......................1
hurgar..............................1
hurtar...............................1
husmear............................1

I

idealizar............................1
idear.................................1
identificar.........................1
ideologizar........................1
idiotizar............................1
idolatrar............................1
ignorar..............................1
igualar..............................1
ilegitimar..........................1
iludir................................3
iluminar............................1
ilusionar............................1
ilustrar..............................1
imaginar............................1
imantar.............................1
imbricar............................1
imbuir.............................34
imitar................................1
impacientar.......................1
impactar............................1
impartir.............................3
impedir...........................46
impeler..............................2
imperar.............................1
impermeabilizar.................1
impersonalizar...................1
impetrar............................1
implantar..........................1

implementar......................1
implicar.............................1
implorar............................1
imponer..........................51
importar............................1
importunar........................1
imposibilitar......................1
impostar............................1
imprecar............................1
impregnar..........................1
impresionar.......................1
imprimar...........................1
imprimir [25].....................3
improvisar.........................1
impugnar...........................1
impulsar............................1
imputar.............................1
inaugurar..........................1
incapacitar........................1
incautarse.......................18
incendiar........................17
incensar..........................19
incentivar..........................1
incidir...............................3
incinerar............................1
incitar................................1
inclinar..............................1
incluir.............................34
incoar................................1
incomodar.........................1
incomunicar......................1
incordiar.........................17
incorporar.........................1
incrementar.......................1

increpar.............................1
incriminar.........................1
incrustar............................1
incubar..............................1
inculcar.............................1
inculpar.............................1
incumbir............................3
incumplir...........................3
incurrir..............................3
incursionar........................1
indagar..............................1
indemnizar........................1
independizar.....................1
indexar..............................1
indicar...............................1
indiciar...........................17
indigestarse.......................1
indignar.............................1
indisciplinarse...................1
indisponer.......................51
individualizar....................1
individuar.........................5
inducir.............................20
indultar.............................1
industrializar.....................1
industriar........................17
infamar.............................1
infartar..............................1
infatuar.............................5
infectar..............................1
inferir..............................65
infernar..........................19
infestar..............................1
infiltrar..............................1

[25] Participio: impreso e imprimido.

inflamar 1	insalivar 1	interaccionar 1
inflar 1	inscribir [26] 3	intercalar 1
infligir 3	insculpir 3	intercambiar 17
influenciar 17	inseminar 1	interceder 2
influir 34	insensibilizar 1	interceptar 1
informar 1	inserir 65	interconectar 1
informatizar 1	insertar 1	interesar 1
infrautilizar 1	insidiar 17	interferir 65
infravalorar 1	insinuar 5	interiorizar 1
infringir 3	insistir 3	interlinear 1
infundir 3	insolar 1	intermediar 17
ingeniar 17	insolentar 1	intermitir 3
ingerir 65	insonorizar 1	internacionalizar 1
ingresar 1	inspeccionar 1	internar 1
inhabilitar 1	inspirar 1	interpelar 1
inhalar 1	instalar 1	interpolar 1
inhibir 3	instar 1	interponer 51
inhumar 1	instaurar 18	interpretar 1
iniciar 17	instigar 1	interrogar 1
injerir 65	instilar 1	interrumpir 3
injertar 1	institucionalizar 1	intervenir 72
injuriar 17	instituir 34	intimar 1
inmigrar 1	instruir 34	intimidar 1
inmiscuir 34	instrumentalizar 1	intitular 1
inmolar 1	instrumentar 1	intoxicar 1
inmortalizar 1	insubordinar 1	intranquilizar 1
inmovilizar 1	insuflar 1	intrigar 1
inmunizar 1	insultar 1	intrincar 1
inmutar 1	insumir 3	introducir 20
innovar 1	insurreccionar 1	intuir 34
inocular 1	integrar 1	inundar 1
inquietar 1	intelectualizar 1	inutilizar 1
inquinar 1	intensificar 1	invadir 3
inquirir 7	intentar 1	invalidar 1

[26] Participio: inscrito.

inventar.....................1	jaranear.....................1	lagrimear 1
inventariar 28	jarciar......................17	laicizar......................1
invernar ....1 y 19	jarrear 1	lamentar....................1
invertir.....................65	jaspear 1	lamer..........................2
investigar 1	jerarquizar 1	laminar......................1
investir....................46	jeringar 1	lancear 1
inveterarse 1	jipiar 28	languidecer 45
invitar 1	joder...........................2	lanzar 1
invocar......................1	jornalear....................1	lapidar.......................1
involucionar..............1	jorobar 1	largar.........................1
involucrar 1	jubilar 1	lastimar.....................1
inyectar.....................1	judaizar 1	lastrar........................1
ionizar.......................1	judicializar................1	latiguear....................1
ir...............................**35**	**jugar** **36**	latinizar.....................1
irisar..........................1	juguetear....................1	latir 3
ironizar 1	juntar 1	laudar......................18
irradiar 17	juramentar 1	laurear.......................1
irreverenciar 17	jurar 1	lavar...........................1
irrigar........................1	justiciar....................17	laxar...........................1
irritar.........................1	justificar....................1	**leer** **37**
irruir........................34	juzgar.........................1	legalizar....................1
irrumpir 3		legar...........................1
islamizar 1	**K**	legislar.......................1
italianizar..................1	kilometrar 1	legitimar 1
iterar 1	**L**	legrar 1
izar.............................1	labializar...................1	lenificar 1
J	laborar 1	lentificar 1
jabonar......................1	laborear 1	lesionar 1
jactar..........................1	labrar 1	levantar.....................1
jadear.........................1	lacerar 1	levar...........................1
jalar............................1	lacrar..........................1	levitar........................1
jalear..........................1	lactar..........................1	lexicalizar.................1
jalonar.......................1	ladear 1	liar 28
jamar..........................1	ladrar..........................1	libar 1
jamerdar..................19	ladrillar 1	liberalizar..................1

liberar 1	lucubrar 1	maldecir [27] 52
libertar 1	luchar........................1	malear........................1
librar 1	ludir 3	maleducar 1
licenciar..................17	lustrar........................1	maleficiar.................17
licitar 1	luxar..........................1	malentender 48
licuar.......................38	llagar.........................1	malgastar 1
liderar 1	llamar........................1	malherir 65
lidiar 17	llamear.......................1	malhumorar 1
ligar 1	llanear........................1	maliciar...................17
lignificar 1	llegar..........................1	malinterpretar 1
lijar 1	llenar..........................1	malmeter...................2
limar 1	llevar..........................1	malograr 1
limitar 1	llorar 1	malparar....................1
limosnear 1	lloriquear 1	malparir 3
limpiar 17	llover 40	malquerer [28] 55
linchar.......................1	lloviznar.....................1	maltraer 70
lindar 1		maltratar 1
linear.........................1	**M**	malvender.................2
liofilizar....................1	macerar......................1	malversar 1
liquidar 1	macular......................1	malvivir 3
lisiar.......................17	machacar 1	mamar........................1
lisonjear 1	machar.......................1	manar........................1
listar..........................1	machucar 1	mancar......................1
litigar 1	madrugar 1	mancillar...................1
litografiar................28	madurar 1	mancomunar.............1
lividecer..................45	magnetizar.................1	mancornar................22
loar............................1	magnificar 1	manchar.....................1
localizar 1	magullar.....................1	mandar......................1
lograr 1	majar..........................1	manducar 1
lubricar 1	malbaratar..................1	manejar......................1
lubrificar 1	malcasar.....................1	manferir 65
lucir.......................39	malcomer...................2	mangar.......................1
lucrar 1	malcriar 28	mangonear 1

[27] Participio: maldecido y maldito.
[28] Participio: malquerido y malquisto.

maniatar 1	masticar 1	menospreciar 17
manifestar 19	masturbar 1	menstruar 5
maniobrar 1	matar 1	mensurar 1
manipular 1	materializar 1	mentalizar 1
manir 4	maternizar 1	mentar 19
manosear 1	matizar 1	mentir 65
manotear 1	matricular 1	merar 1
mansear 1	matrimoniar 17	mercadear 1
mantear 1	maullar 11	mercar 1
mantener 69	maximizar 1	merecer 45
manufacturar 1	mear 1	merendar 19
manutener 69	mecanizar 1	mermar 1
mañear 1	mecanografiar 28	merodear 1
maquear 1	mecer 2	mesar 1
maquetar 1	mechar 1	mestizar 1
maquillar 1	mediar 17	mesurar 1
maquinar 1	mediatizar 1	metaforizar 1
maravillar 1	medicar 1	metalizar 1
marcar 1	medicinar 1	metamorfosear 1
marchar 1	medir 46	metatetizar 1
marchitar 1	meditar 1	meteorizar 1
marear 1	medrar 1	meter 2
marginar 1	mejer 2	mezclar 1
maridar 1	mejorar 1	migar 1
marinar 1	melancolizar 1	migrar 1
mariposear 1	melar 19	militar 1
marrar 1	melificar 1	militarizar 1
marrullar 1	melindrear 1	mimar 1
martillar 1	mellar 1	mimbrear 1
martillear 1	memorizar 1	mimetizar 1
martirizar 1	mencionar 1	minar 1
masacrar 1	mendigar 1	mineralizar 1
mascar 1	menear 1	miniar 17
mascullar 1	menguar 13	miniaturizar 1
masificar 1	menoscabar 1	minimizar 1

minutar 1	mosquear 1	narrar 1
mirar 1	mostrar 22	nasalizar 1
mistificar 1	motear 1	naturalizar 1
mitificar 1	motejar 1	naufragar 1
mitigar 1	motivar 1	navegar 1
mixtificar 1	motorizar 1	nebulizar 1
modelar 1	**mover** **40**	necesitar 1
moderar 1	movilizar 1	negar 19
modernizar 1	mudar 1	negociar 17
modificar 1	muflir 3	negrear 1
modular 1	mugir 3	negrecer 45
mofar 1	muletear 1	neutralizar 1
mojar 1	multar 1	nevar 19
moldear 1	multicopiar 17	neviscar 1
moler 40	multiplicar 1	nidificar 1
molestar 1	**mullir** **41**	nimbar 1
molturar 1	mundificar 1	ningunear 1
momificar 1	municionar 1	niñear 1
mondar 1	municipalizar 1	niquelar 1
monetizar 1	murmullar 1	nitrar 1
monitorizar 1	murmurar 1	nivelar 1
monologar 1	musicalizar 1	nombrar 1
monopolizar 1	musicar 1	nominalizar 1
monoptongar 1	musitar 1	nominar 1
montar 1	mustiar 17	noquear 1
moquear 1	mutar 1	normalizar 1
moralizar 1	mutilar 1	normativizar 1
morar 1		notar 1
morder 40	**N**	noticiar 17
mordiscar 1	**nacer** **42**	notificar 1
mordisquear 1	nacionalizar 1	novelar 1
morir [29] 27	nadar 1	nublar 1
mortificar 1	narcotizar 1	numerar 1

[29] Participio: muerto.
[30] Sólo se conjuga en las terceras personas.

nutrir 3
ñoñear 1

O

obcecar 1
obedecer 45
objetar 1
objetivar 1
oblicuar 5
obligar 1
obliterar 1
obnubilar 1
obrar 1
obsequiar 17
observar 1
obsesionar 1
obstaculizar 1
obstar [30] 1
obstinarse 1
obstruir 34
obtener 69
obturar 1
obviar 17
ocasionar 1
ocluir 34
ocultar 1
ocupar 1
ocurrir 3
odiar 17
ofender 2
ofertar 1
oficializar 1
oficiar 17
ofrecer 45
ofrendar 1

ofuscar 1
oír 43
ojear 1
olear 1
oler 44
olfatear 1
oliscar 1
olisquear 1
olvidar 1
omitir 3
ondear 1
ondular 1
operar 1
opinar 1
oponer 51
opositar 1
oprimir 3
oprobiar 17
optar 1
optimizar 1
opugnar 1
orar 1
orbitar 1
ordenar 1
ordeñar 1
orear 1
organizar 1
orientar 1
originar 1
orillar 1
orinar 1
orlar 1
ornamentar 1
ornar 1

orquestar 1
osar 1
oscilar 1
oscurecer 45
ostentar 1
otear 1
otoñar 1
otorgar 1
ovacionar 1
ovalar 1
ovar 1
ovular 1
oxidar 1
oxigenar 1

P

pacer 42
pacificar 1
pactar 1
padecer 45
paganizar 1
pagar 1
paginar 1
pairar 14
pajarear 1
paladear 1
palatalizar 1
paliar 12
palidecer 45
paliquear 1
palmar 1
palmear 1
palmotear 1
palpar 1
palpitar 1

panderetear 1	patalear 1	penitenciar 17
panificar 1	patear 1	pensar 19
papear 1	patentar 1	pensionar 1
parabolizar 1	patentizar 1	percatar 1
parafrasear 1	patinar 1	percibir 3
paralelar 1	patrocinar 1	percolar 1
paralizar 1	patronear 1	percudir 3
paralogizar 1	patrullar 1	percutir 3
parangonar 1	pausar 18	**perder 48**
parapetarse 1	pautar 18	perdonar 1
parar 1	pavimentar 1	perdurar 1
parcelar 1	pavonar 1	perecer 45
parcializar 1	pavonear 1	peregrinar 1
parchear 1	peatonalizar 1	perfeccionar 1
pardear 1	pecar 1	perfilar 1
parear 1	pechar 1	perforar 1
parecer 45	pedalear 1	perfumar 1
parir 3	pedantear 1	perfundir 3
parlamentar 1	**pedir 46**	pergeñar 1
parlar 1	pedorrear 1	periodizar 1
parlotear 1	peer 37	peritar 1
parodiar 17	pegar 1	perjudicar 1
parpadear 1	pegotear 1	perjurar 1
parrandear 1	**peinar 47**	perlongar 1
participar 1	pelar 1	permanecer 45
particularizar 1	pelear 1	permear 1
partir 3	peligrar 1	permitir 3
pasaportar 1	pelotear 1	permutar 1
pasar 1	pellizcar 1	perniquebrar 19
pasear 1	penalizar 1	pernoctar 1
pasmar 1	penar 1	perorar 1
pastar 1	pendenciar 17	perpetrar 1
pasterizar 1	pender 2	perpetuar ....1 y 5
pasteurizar 1	pendonear 1	perseguir 46
pastorear 1	penetrar 1	perseverar 1

persignar 1	pintar 1	plomear 1
persistir 3	pintarrajear 1	plumear 1
personalizar 1	pinzar 1	pluralizar 1
personarse 1	pipiar 28	poblar 22
personificar 1	pirarse 1	podar 1
persuadir 3	piratear 1	**poder** **50**
pertenecer 45	piropear 1	podrir [31] 54
pertrechar 1	pirrarse 1	poetizar 1
perturbar 1	piruetear 1	polarizar 1
pervertir 65	pisar 1	polemizar 1
pervivir 3	pisotear 1	policromar 1
pesar 1	pitar 1	polinizar 1
pescar 1	pitorrearse 1	politiquear 1
pespuntear 1	pivotar 1	politizar 1
pesquisar 1	placar 1	polucionar 1
pestañear 1	**placer** **49**	polvorizar 1
petar 1	plagar 1	pollear 1
petardear 1	plagiar 17	ponderar 1
petrificar 1	planchar 1	**poner** **51**
piafar 1	planear 1	pontificar 1
piar 28	planificar 1	popularizar 1
picar 1	plantar 1	pordiosear 1
picardear 1	plantear 1	porfiar 28
picarizar 1	plantificar 1	pormenorizar 1
picotear 1	plañir 41	portar 1
pifiar 17	plasmar 1	portear 1
pigmentar 1	plastecer 45	posar 1
pilotar 1	plastificar 1	poseer 37
pillar 1	platear 1	posesionar 1
pimplar 1	platear 1	posibilitar 1
pimpollecer 45	platicar 1	posicionar 1
pincelar 1	plegar 19	positivar 1
pinchar 1	pleitear 1	posponer 51
pingar 1	plisar 1	postergar 1

[31] Sólo en infinitivo y participio.

postinear 1	pregonar 1	presumir 3
postrar 1	preguntar 1	presuponer 51
postular 1	preinscribir [32] 3	presupuestar 1
potabilizar 1	prejubilar 1	presurizar 1
potar 1	prejuzgar 1	pretender 2
potenciar 17	prelucir 39	preterir .... 4 y 46
practicar 1	preludiar 17	pretermitir 3
prebendar 1	premeditar 1	pretextar 1
precaucionarse 1	premiar 17	prevalecer 45
precaver 2	premorir [33] 27	prevaler 71
preceder 2	premostrar 22	prevaricar 1
preceptuar 5	prendar 1	prevenir 72
preciar 17	prender 2	prever 73
precintar 1	prenotar 1	primar 1
precipitar 1	prensar 1	principiar 17
precisar 1	preñar 1	pringar 1
preconcebir 46	preocupar 1	priorizar 1
preconizar 1	preparar 1	privar 1
preconocer 21	preponderar 1	privatizar 1
predecir **52**	preponer 51	privilegiar 17
predefinir 3	presagiar 17	probar 22
predestinar 1	prescindir 3	problematizar 1
predeterminar 1	prescribir [34] 3	proceder 2
predicar 1	preseleccionar 1	procesar 1
predisponer 51	presenciar 17	proclamar 1
predominar 1	presentar 1	procrear 1
preelegir 46	presentir 65	procurar 1
preexistir 3	preservar 1	prodigar 1
preferir 65	presidiar 17	producir 20
prefigurar 1	presidir 3	profanar 1
prefijar 1	presionar 1	proferir 65
prefinir 3	prestar 1	profesar 1

[32] Participio: preinscrito.
[33] Participio: premuerto.
[34] Participio: prescrito.

profesionalizar..........1	proseguir................46	puntuar....................5
profetizar 1	prosificar 1	punzar......................1
profundizar 1	prospectar 1	purgar 1
programar 1	prosperar..................1	purificar 1
progresar...................1	prosternarse 1	purpurear 1
prohibir **53**	prostituir 34	putear.......................1
prohijar 53	protagonizar..............1	
proliferar...................1	proteger 2	**Q**
prologar 1	protestar....................1	quebrantar.................1
prolongar 1	protocolizar 1	quebrar....................19
promediar 17	proveer [36] 37	quedar.......................1
prometer 2	provenir 72	quejar........................1
promiscuar...............38	providenciar.............17	quejumbrar 1
promocionar 1	provocar....................1	quemar......................1
promover 40	proyectar...................1	querellarse 1
promulgar 1	psicoanalizar.............1	**querer** **55**
pronosticar................1	puar...........................5	quietar.......................1
pronunciar 17	publicar.....................1	quintuplicar 1
propagar....................1	**pudrir** **54**	quitar 1
propalar 1	puentear 1	**R**
propasar 1	pugnar.......................1	rabiar 17
propender..................2	pujar..........................1	racanear 1
propiciar 17	pulimentar 1	raciocinar..................1
propinar 1	pulir 3	racionalizar...............1
proponer 51	pulsar........................1	racionar.....................1
proporcionar 1	pulular 1	rachear 1
propugnar 1	pulverizar..................1	radiar 17
propulsar...................1	puncionar..................1	radicalizar.................1
prorratear 1	pungir 3	radicar.......................1
prorrogar...................1	punir 3	radiodifundir.............3
prorrumpir 3	puntear......................1	radiografiar.............28
proscribir [35] 3	puntualizar................1	**raer** **56**

[35] Participio: proscrito.
[36] Participio: provisto y proveído.
[37] Participio: reabierto.

rajar 1	realizar 1	recalentar 19
ralentizar 1	realojar 1	recalificar 1
rallar 1	realquilar 1	recambiar 17
ramificar 1	realzar 1	recapacitar 1
rampar 1	reanimar 1	recapitular 1
ranciar 17	reanudar 1	recargar 1
rapar.........................1	reaparecer 45	recatar 1
rapiñar 1	reapretar 19	recauchutar 1
raptar 1	reasumir 3	recaudar 18
rarificar 1	reavivar 1	recechar 1
rasar 1	rebajar 1	recelar.......................1
rascar 1	rebalsar 1	recentar 19
rasgar 1	rebanar 1	receñir 59
rasguñar 1	rebañar 1	receptar 1
raspar 1	rebasar 1	recetar 1
rastrear 1	rebatir 3	recibir 3
rastrillar 1	rebautizar 1	reciclar 1
rastrojar 1	rebelarse 1	reciclar 1
rasurar 1	reblandecer 45	recidivar 1
ratear 1	rebobinar 1	reciprocar 1
ratificar 1	rebordear 1	recitar 1
ratificar 1	rebosar 1	reclamar 1
rayar 1	rebotar 1	reclinar 1
razonar 1	rebozar 1	recluir 34
reabrir [37] 3	rebozar 1	reclutar 1
reabsorber 2	rebrotar 1	recobrar 1
reaccionar 1	rebujar 1	recocer 40
reactivar 1	rebullir 41	recochinearse 1
readmitir 3	rebuscar 1	recoger 2
reafirmar 1	rebuznar 1	recolar 22
reagravar 1	recabar 1	recolectar 1
reagrupar 1	recaer 16	recolegir 46
reajustar 1	recalar 1	recomendar 19
	recalcar 1	recompensar 1

[38] Participio: recubierto.

reconcentrar............1	recusar....................1	reestrenar...............1
reconciliar.............17	rechazar...................1	reestructurar............1
reconcomerse...........2	rechiflar...................1	reexaminar...............1
reconducir..............20	rechinar...................1	reexpedir................46
reconfortar..............1	rechistar..................1	reexportar................1
reconocer...............21	redactar...................1	refeccionar..............1
reconquistar.............1	redargüir................34	referir.....................65
reconstituir............34	redecir [39]..............24	refigurar..................1
reconstruir.............34	redefinir...................3	refinar......................1
recontar.................22	redescubrir [40].........3	reflectar...................1
reconvenir..............72	redhibir....................3	reflejar.....................1
reconvertir.............65	redimir.....................3	reflexionar...............1
recopilar..................1	redoblar...................1	reflorecer................45
recordar..................22	redondear.................1	reflotar.....................1
recorrer....................2	reducir....................20	refluir.....................34
recortar....................1	redundar...................1	refocilar....................1
recoser.....................2	reduplicar.................1	reforestar.................1
recostar..................22	reedificar..................1	reformar...................1
recrear.....................1	reeditar.....................1	reforzar..................22
recrecer..................45	reeducar...................1	refractar...................1
recriar....................28	reelegir....................46	refregar..................19
recriminar................1	reembarcar................1	refreír [41]...............58
recrudecer..............45	reembolsar................1	refrenar....................1
recrujir.....................3	reemplazar................1	refrendar..................1
rectificar..................1	reemprender..............2	refrescar...................1
recuadrar..................1	reencarnar.................1	refrigerar..................1
recubrir [38]..............3	reencontrar..............22	refringir....................3
recudir.....................3	reencuadernar............1	refugiar...................17
recular.....................1	reenganchar...............1	refulgir.....................3
recuperar..................1	reengendrar...............1	refundir....................3
recurrir....................3	reensayar..................1	refunfuñar................1
recusar.....................1	reenviar...................28	refutar......................1

[39] Excepto en la segunda persona singular del imperativo: redice (tú).
[40] Participio: redescubierto.
[41] Participio: refrito y refreído.

regalar...........1	**rehusar**............**57**	rellanar...........1
regañar..........1	reimplantar......1	rellenar............1
regar............19	reimportar........1	remachar..........1
regatear..........1	reimprimir [42] 3	remanecer......45
regenerar........1	reinar..............47	remangar.........1
regentar..........1	reincidir............3	remar...............1
regimentar....19	reingresar.........1	remarcar..........1
regir..............46	reiniciar..........17	rematar............1
registrar..........1	reinsertar.........1	rembolsar........1
reglamentar....1	reinstalar.........1	remecer...........2
reglar.............1	reintegrar........1	remedar...........1
regocijar.........1	**reír**..............**58**	remediar........17
regodearse.....1	reiterar............1	remedir..........46
regoldar........22	reivindicar.......1	remejer............2
regostarse.......1	rejonear...........1	remembrar......1
regraciar.......17	rejuntar............1	rememorar......1
regresar..........1	rejuvenecer....45	remendar........19
regruñir........41	relabrar............1	remeter............2
reguardar........1	relacionar........1	remilgarse.......1
regular............1	relajar..............1	remitir.............3
regularizar......1	relamer............2	remodelar........1
regurgitar........1	relampaguear...1	remojar............1
rehabilitar.......1	relanzar............1	remolcar..........1
rehacer.........33	relatar..............1	remoler..........40
rehenchir......46	relativizar........1	remolinar.........1
reherir...........65	releer..............37	remolinear.......1
reherrar........19	relegar..............1	remolonear......1
rehervir........65	relentecer.......45	remontar..........1
rehilar...........25	relevar..............1	remorder........40
rehogar...........1	religar..............1	remover..........40
rehollar........22	relimpiar........17	remozar...........1
rehuir...........34	relinchar..........1	remplazar........1
rehumedecer..45	relucir.............39	rempujar..........1
rehundir........60	relumbrar.........1	remudar...........1

[42] Participio: reimpreso y reimprimido.

remullir 41	repesar 1	repuntar 1
remunerar 1	repescar 1	reputar 1
renacer 42	repetir 46	requebrar 19
rendir 46	repicar 1	requemar 1
renegar 19	repintar 1	requerir 65
rengar 1	repiquetear 1	requisar 1
renombrar 1	replantear 1	resabiar 17
renovar 22	replegar 19	resalir 63
renquear 1	repletar 1	resaltar 1
rentabilizar 1	replicar 1	resarcir 3
rentar 1	repoblar 22	resbalar 1
renunciar 17	reponer 51	rescatar 1
reñir **59**	reportar 1	rescindir 3
reorganizar 1	reposar 1	resecar 1
repacer 42	repostar 1	resegar 19
repanchigarse 1	reprehender 2	reseguir 46
repanchingarse 1	reprender 2	resellar 1
repantigarse 1	represaliar 17	resembrar 19
repantingarse 1	represar 1	resentirse 65
reparar 1	representar 1	reseñar 1
repartir 3	reprimir 3	reservar 1
repasar 1	reprobar 22	resfriar 28
repatear 1	reprochar 1	resguardar 1
repatriar 12	reproducir 20	residenciar 17
repechar 1	repropiarse 17	residir 3
repeinar 47	reptar 1	resignar 1
repelar 1	repudiar 17	resistir 3
repeler 2	repudrir 54	resolver [43] 40
repellar 1	repugnar 1	resollar 22
repensar 19	repujar 1	resonar 22
repentizar 1	repulir 3	resoplar 1
repercudir 3	repulsar 1	respaldar 1
repercutir 3		

[43] Participio: resuelto.
[44] Además del pretérito regular, conserva el pretérito fuerte, que coincide con el del verbo reponer.

respectar 1	retener 69	revalidar 1
respetar 1	retentar 19	revalorizar 1
respingar 1	reteñir 59	revaluar 5
respirar 1	retiñir 41	revejecer 45
resplandecer 45	retirar 1	revelar 1
responder [44] 2	retocar 1	reveler 2
responsabilizar 1	retomar 1	revender 2
responsar 1	retoñar 1	revenir 72
resquebrajar 1	retoñecer 45	reventar 19
resquebrar 19	retorcer 40	rever 73
resquemar 1	retoricar 1	reverberar 1
restablecer 45	retornar 1	reverdecer 45
restallar 1	retostar 22	reverenciar 17
restañar 1	retozar 1	reverter 48
restar 1	retractarse 1	revertir 65
restaurar 18	retraer 70	revesar 1
restituir 34	retranquear 1	revestir 46
restregar 19	retransmitir 3	revindicar 1
restringir 3	retrasar 1	revirar 1
restriñir 41	retratar 1	revisar 1
resucitar 1	retreparse 1	revistar 1
resudar 1	retribuir 34	revitalizar 1
resultar 1	retroceder 2	revivir 3
resumir 3	retrogradar 1	revocar 1
resurgir 3	retronar 22	revolar 22
resurtir 3	retrotraer 70	revolcar 22
retallar 1	retrovender 2	revolotear 1
retallecer 45	retumbar 1	revolucionar 1
retar 1	retundir 3	revolver [45] 40
retardar 1	reunificar 1	rezagar 1
retasar 1	**reunir 60**	rezar 1
retejer 2	reuntar 57	rezongar 1
retemblar 19	reutilizar 1	rezumar 1

[45] Participio: revuelto.
[46] Participio: roto.

rezurcir 3	rozar......................1	salvaguardar 1
ribetear..................1	roznar....................1	salvar 1
ridiculizar 1	ruar 5	sanar 1
rielar 1	ruborizar 1	sancionar 1
rifar.......................1	rubricar 1	sanear.....................1
rimar 1	rugir 3	sangrar 1
rimbombar 1	rular 1	santificar.................1
ringar 1	rumiar 17	santiguar 13
ripiar 17	rumorear 1	saponificar 1
riscar.....................1	runrunear 1	saquear....................1
rivalizar 1	rutilar 1	sarmentar...............19
rizar 1	**s**	sarpullir 41
robar 1	**saber** **62**	satanizar..................1
robotizar 1	sablear 1	satinar 1
robustecer 45	saborear 1	satirizar 1
rociar 28	sabotear 1	**satisfacer**...............**64**
rodar 22	sacar......................1	saturar....................1
rodear....................1	saciar 17	sazonar...................1
roer......................**61**	sacralizar 1	secar.......................1
rogar 22	sacrificar................1	seccionar.................1
rojear 1	sacudir 3	secretar 1
rolar 1	sahumar 11	secretear.................1
romanizar...............1	sainar 8	secuenciar..............17
romper [46] 2	sajar 1	secuestrar................1
roncar....................1	salar 1	secularizar 1
roncear...................1	saldar 1	secundar..................1
ronchar...................1	**salir** **63**	sedar 1
rondar 1	salivar 1	sedentarizar............1
ronronear 1	salmodiar 17	sedimentar 1
ronzar....................1	salpicar 1	seducir 20
rosear 1	salpimentar 19	segar 19
rostir 3	salpullir.................41	segmentar 1
rotar 1	saltar 1	segregar 1
rotular 1	saltear 1	seguir 46
roturar 1	saludar 1	seleccionar..............1

211

sellar 1	silenciar 17	sobrecenar 1
sembrar 19	simbolizar 1	sobrecoger 2
semejar 1	simpatizar 1	sobrecrecer 45
sementar 19	simplificar 1	sobrecurar 1
senderear 1	simular 1	sobredimensionar 1
sensibilizar 1	simultanear 1	sobreedificar 1
sentar 19	sincerar 1	sobreentender 48
sentenciar 17	sincopar 1	sobreexceder 2
sentir **65**	sincronizar 1	sobreexcitar 1
señalar 1	sindicar 1	sobreexplotar 1
señalizar 1	singlar 1	sobreexponer 51
señorear 1	singularizar 1	sobreganar 1
separar 1	sintetizar 1	sobregirar 1
sepultar 1	sintonizar 1	sobrehilar 25
ser **66**	sisar 1	sobreimprimir [47] 3
serenar 1	sisear 1	sobrellenar 1
seriar 17	sistematizar 1	sobrellevar 1
sermonear 1	sitiar 17	sobrentender 48
serpentear 1	situar 5	sobrepasar 1
serrar 19	sobar 1	sobreponer 51
serruchar 1	sobornar 1	sobrepujar 1
serviciar 17	sobrar 1	sobresalir 63
servir 46	sobreabundar 1	sobresaltar 1
sesear 1	sobreactuar 5	sobresanar 1
sesgar 1	sobrealimentar 1	sobrescribir [48] 3
sestear 1	sobrealzar 1	sobreseer 37
sextuplicar 1	sobreañadir 3	sobresembrar 19
signar 1	sobrearar 1	sobresolar 22
significar 1	sobreasar 1	sobrestimar 1
silabar 1	sobrebarrer 2	sobrevalorar 1
silabear 1	sobrecalentar 19	sobrevenir 72
silbar 1	sobrecargar 1	sobreverterse 48

[47] Participio: sobreimpreso y sobreimprimido.
[48] Participio: sobrescrito.
[49] Participio: sofrito y sofreído.

sobrevestir 46	someter 2	subemplear 1
sobrevivir................3	sonar 22	subentender 48
sobrevolar............22	sondar 1	suberificarse 1
socarrar...................1	sondear 1	subestimar 1
socavar....................1	sonorizar................1	subir........................3
sociabilizar 1	sonreír.................58	sublevar 1
socializar 1	sonrodarse 22	sublimar..................1
socorrer...................2	sonrojar.................1	subordinar...............1
sofisticar 1	sonrosar 1	subrayar..................1
soflamar..................1	sonsacar 1	subrogar..................1
sofocar....................1	soñar 22	subsanar..................1
sofreír [49] 58	sopesar..................1	subscribir [50] 3
sofrenar..................1	soplar 1	subseguir 46
sojuzgar 1	soportar.................1	subsidiar 17
solapar....................1	sorber....................2	subsistir 3
solar.....................22	sorprender.............2	subsolar 22
soldar...................22	sorregar...............19	substanciar............17
solear 1	sortear...................1	substituir...............34
solemnizar..............1	sosegar................19	subsumir 3
soler......................67	soslayar.................1	subtender 48
solfear.....................1	sospechar..............1	subtitular................1
solicitar...................1	sostener...............69	subvencionar 1
solidarizar 1	sotaventarse 1	subvenir................72
solidificar................1	soterrar..........1 y 19	subvertir................65
soliviantar...............1	sovietizar 1	subyacer................74
soliviar..................17	suavizar 1	subyugar 1
soltar....................22	subalternar............1	succionar 1
solucionar...............1	subarrendar.........19	suceder...................2
solventar.................1	subastar.................1	sucintarse...............1
sollozar...................1	subcontratar..........1	sucumbir 3
somatizar................1	subdelegar 1	sudar 1
sombrar...................1	subdistinguir..........3	sufragar..................1
sombrear.................1	subdividir..............3	sufrir 3

[50] Participio: subscrito.
[51] Participio: suscrito.

sugerir 65	sustentar 1	tararear 1
sugestionar 1	sustituir 34	tarascar 1
suicidarse 1	sustraer 70	tardar 1
sujetar 1	susurrar 1	tardear 1
sulfatar 1	sutilizar 1	tardecer 45
sulfurar 1	suturar 1	tarifar 1
sumar 1		tartamudear 1
sumergir 3	**T**	tasar 1
suministrar 1	tabicar 1	tasar 1
sumir 3	tablear 1	tatarear 1
supeditar 1	tabular 1	tatuar 5
superar 1	tacañear 1	teatralizar 1
superentender 48	taconear 1	teclear 1
superpoblar 22	tachar 1	tecnificar 1
superponer 51	tachonar 1	techar 1
supervalorar 1	tajar 1	tejer 2
supervenir 72	taladrar 1	teledirigir 3
supervisar 1	talar 1	telefonear 1
supervivir 3	tallar 1	telegrafiar 28
suplantar 1	tallecer 45	televisar 1
suplicar 1	tambalear 1	tematizar 1
suplir 3	tamborilear 1	temblar 19
suponer 51	tamizar 1	temblequear 1
suprimir 3	tandear 1	temer 2
supurar 1	tangir 3	temperar 1
surcar 1	tantear 1	templar 1
surdir 3	**tañer 68**	temporizar 1
surgir 3	tapar 1	tender 48
surtir 3	tapear 1	**tener 69**
suscitar 1	tapiar 17	tensar 1
suscribir [51] 3	tapizar 1	tentar 19
suspender 2	taponar 1	teñir 59
suspirar 1	taquigrafiar 28	teologizar 1
sustanciar 17	taracear 1	teorizar 1
sustantivar 1	tarar 1	

terciar...............17	toquetear................1	transferir................65
tergiversar..............1	torcer....................40	transfigurar..............1
terminar.................1	torear......................1	transformar..............1
tersar......................1	tornar......................1	transfundir...............3
testar......................1	tornasolar................1	transgredir...............3
testificar.................1	tornear....................1	transigir...................3
testimoniar...........17	torpedear.................1	transitar...................1
tildar......................1	torrar......................1	translimitar..............1
timar......................1	torturar...................1	transliterar...............1
timbrar...................1	toser........................2	translucirse............39
timonear.................1	tosigar.....................1	transmigrar..............1
tintar......................1	tostar.....................22	transmitir.................3
tintinar...................1	totalizar...................1	transmudar...............1
tintinear..................1	toxicar.....................1	transmutar................1
tipificar..................1	trabajar....................1	transparentar............1
tiranizar..................1	trabar......................1	transpirar.................1
tirar........................1	trabucar...................1	transponer..............51
tiritar......................1	traducir..................20	transportar...............1
tironear..................1	**traer......................70**	transustanciar...........1
tirotear...................1	traficar....................1	transvasar................1
titubear...................1	tragar......................1	tranzar.....................1
titular.....................1	traicionar.................1	trapalear..................1
titularizar................1	trajear.....................1	trapichear................1
titulizar..................1	trajinar....................1	trasbordar................1
tiznar......................1	tramar.....................1	trascender................2
toar.........................1	tramitar...................1	trascolar.................22
tocar.......................1	trampear..................1	trascordarse............22
tolerar....................1	trancar.....................1	trascribir [53]............3
tomar......................1	tranquilizar..............1	trascurrir..................3
tonificar..................1	transbordar..............1	trasegar..................19
tonsurar..................1	transcender.............48	traseñalar.................1
tontear....................1	transcribir [52].........3	trasferir..................65
topar.......................1	transcurrir................3	trasfigurar................1

[52] Participio: transcrito.
[53] Participio: trascrito.

trasformar 1	trasverter.................48	trompetear 1
trasfregar 19	trasvolar.................22	trompicar 1
trasfundir 3	tratar 1	tronar 22
trasgredir 3	traumatizar................1	tronchar 1
trashumar..................1	travestir.....................3	tronzar 1
trasladar 1	trazar........................1	tropezar..................19
traslucirse 39	trechear 1	troquelar 1
traslumbrar 1	tremer 2	trotar 1
trasmigrar 1	tremolar 1	trovar 1
trasminar...................1	trenzar......................1	trucar 1
trasmitir 3	trepanar....................1	trufar 1
trasmudar..................1	trepar 1	truncar 1
trasmutar...................1	trepidar 1	tullir......................41
trasnochar 1	triar 28	tumbar 1
trasnombrar 1	tributar.....................1	tundir 3
trasoír.....................43	tricotar 1	tupir 3
traspapelar 1	trifurcarse 1	turbar 1
trasparecer 45	trillar........................1	turnar 1
trasparentar...............1	trinar 1	turrar........................1
traspasar....................1	trincar 1	tutear.........................1
traspintarse 1	trinchar 1	tutelar.......................1
trasplantar 1	tripartir.....................3	
trasponer.................51	triplicar 1	**U**
trasportar 1	triptongar 1	ubicar........................1
trasquilar...................1	tripudiar 17	ufanarse 1
trastabillar.................1	tripular.....................1	ulcerar.......................1
trastear 1	triscar.......................1	ultimar 1
trastocar 1	triturar......................1	ultrajar 1
trastornar 1	triunfar.....................1	uncir.........................3
trastrocar.................22	trivializar 1	ungir 3
trasudar.....................1	trizar 1	unificar 1
trasuntar 1	trocar 22	uniformar 1
trasvasar....................1	trocear......................1	uniformizar 1
trasver.....................73		unir 3

[54] Sólo se emplea en infinitivo.

universalizar 1	variar 28	vetear 1
univocarse 1	vaticinar 1	viajar 1
untar..........................1	vedar 1	vibrar 1
urbanizar 1	vegetar 1	viciar 17
urdir 3	vejar 1	victimizar 1
urgir 3	velar 1	victorear 1
usar 1	velarizar 1	vidriar 12
usucapir [54] 3	vencer 2	vigiar 28
usufructuar................5	vendar 1	vigilar 1
usurear 1	vender 2	vigorar 1
usurpar......................1	vendimiar.............17	vigorizar 1
utilizar 1	venerar 1	vilipendiar 17
	vengar 1	vincular................1
V	**venir**................**72**	vindicar................1
vacar 1	ventar 19	violar 1
vaciar 12	ventear 1	violentar...............1
vacilar 1	ventilar 1	virar 1
vacunar 1	ventiscar 1	virilizarse.............1
vadear 1	ventosear 1	visar 1
vagabundear 1	**ver** **73**	visibilizar.............1
vagar..........................1	veranear 1	visionar 1
vaguear 1	verbalizar 1	visitar 1
valer **71**	verberar 1	vislumbrar 1
validar......................1	verdear 1	visualizar 1
valorar 1	verdecer 45	vitalizar 1
valorizar...................1	verificar 1	vitorear 1
valuar........................5	verraquear..............1	vitrificar 1
vallar.........................1	versar 1	vituallar 1
vampirizar 1	versificar................1	vituperar 1
vanagloriarse 17	vertebrar 1	vivificar 1
vaporizar...................1	verter 48	**vivir** **3**
vapulear 1	vestir 46	vocalizar 1
varar..........................1	vetar 1	vocear 1
varear........................1		

[55] Participio: vuelto.

vociferar 1	**Y**	zanjar 1
volar.......................22	**yacer 74**	zapar 1
volatilizarse 1	yermar 1	zapatear 1
volatizar....................1	yodar........................1	zarandear 1
volcar.....................22	yugular.....................1	zarpar.......................1
volear........................1	yuxtaponer..............51	zascandilear 1
voltear......................1	**Z**	zigzaguear 1
volver [55] 40	zabullir...................41	zonificar...................1
vomitar 1	zafar........................1	zorrear 1
vosear 1	zaherir....................65	zozobrar...................1
votar..........................1	zamarrear.................1	zumbar......................1
vulcanizar 1	zambullir 41	zuñir........................41
vulgarizar.................1	zampar 1	zurcir 3
vulnerar 1	zancadillear 1	zurear........................1
	zancajear..................1	zurrar 1
X	zanganear.................1	zurriar 28
xerocopiar...............17	zangolotear 1	zurrir 3
xerografiar 28		

# 6. BIBLIOGRAFÍA

ALARCOS LLORACH, E., «La diátesis en español», *EGFE*, pp. 90-94.

ALARCOS LLORACH, E., «Sobre la estructura del verbo español», *EGFE*, pp. 50-89.

ALARCOS LLORACH, E., *Gramática de la lengua española*. Mdrid, Espasa Calpe, 1994.

ALCINA FRANCH, J. y J.M. BLECUA: *Gramática española*, Barcelona, Ariel, 1980.

ALONSO, M., *Gramática del español contemporáneo*, Madrid, Guadarrama, 2ª ed., 1974.

BOSQUE, I. (ed.): *Indicativo y subjuntivo*, Madrid, Taurus, 1990.

BOSQUE, I. (ed.): *Tiempo y aspecto en español*, Cátedra, Madrid, 1990.

BOSQUE, I. y V. DEMONTE (dirs.): *Gramática descriptiva de la lengua española*, 3 vols., Madrid, Espasa Calpe, 1999.

BOSQUE, I., *Las categorías gramaticales*, Madrid, Síntesis, 1989.

CALVO MONTORO, M.ª J., *La voz pasiva*, Madrid, Ed. Coloquio, 1983.

CUERVO, R.J., *Diccionario de construcción y régimen de la lengua castellana*, Bogotá, Instituto Caro y Cuervo, 1997.

DÍAZ BAUTISTA, M.C., *Aspectos sintácticos y semánticos del gerundio en español,* Madrid, Imprenta Saba, 1986.

FERNÁNDEZ RAMÍREZ, S., *Gramática española*, 5 vols., Madrid, Arco Libros, 1985-1987.

GARCÍA MIGUEL, J.M., *Transitividad y complementación preposicional en español, Verba*, Anexo 40, Universidade de Santiago de Compostela, 1993.

GILI GAYA, S., *Curso superior de sintaxis española*, Barcelona, Biblograf, 15ª ed., 1998.

GÓMEZ TORREGO, L., *Gramática didáctica del español*. Madrid, SM, 2ª ed., 1998.

GONZÁLEZ ARAÑA, C. y C. HERRERO AÍSA: *Manual de gramática española. Gramática de la palabra, de la oración y del texto*, Madrid, Castalia, 1997.

GUTIÉRREZ TUÑÓN, M., «Sobre las formas no personales del verbo español», *Hom. E. Alarcos Llorach*, III, pp. 161-171.

HERNÁNDEZ ALONSO, C., *Gramática funcional del español*, Madrid, Gredos, 3ª ed., 1996.

LAMÍQUIZ, V., *El sistema verbal del español*, Málaga, Ágora, 1982.

LÁZARO CARRETER, F., «Sobre la pasiva en español», en *Estudios de Lingüística*, Barcelona, Crítica, 1980, pp. 61-82.

MARCOS MARÍN, F. *et al.*, *Gramática española*, Madrid, Síntesis, 1998.

MARCOS MARÍN, F., *Curso de gramática española*, Madrid, Cincel-Kapelusz, 1980.

MARTÍN ZORRAQUINO, M.ª A., *Las construcciones pronominales en español. Paradigma y desviaciones*, Madrid, Gredos, 1979.

MARTINELL GIFRE, E., *El subjuntivo*, Madrid, Coloquio, 1985.

MOLINER, M., *Diccionario de uso del español*, Madrid, Gredos, 2ª ed., 1998.

R.A.E., *Diccionario de la lengua española*. Madrid, Espasa Calpe, 21ª ed., 1992.

R.A.E., *Esbozo de una nueva gramática de la lengua española*. Madrid, Espasa Calpe, 1973.

SARMIENTO, R. y A. SÁNCHEZ PÉREZ: *Gramática básica del español: norma y uso*, Madrid, SGEL, 1989.

SECO, M., O. ANDRÉS y G. RAMOS, *Diccionario del español actual*, 3 vols., Madrid, Aguilar, 1999.

SECO, M., *Gramática básica del español. Introducción al estudio de la lengua*, Madrid, Aguilar, 5ª reimpr., 1982.

SECO, M., *Gramática esencial del español*. Madrid, Espasa Calpe, 4ª ed., 1996.

WOTJAK, G. y A. VEIGA (eds.): *La descripción del verbo español*, Universidade de Santiago de Compostela, 1990, *Verba*, Anexo 32.